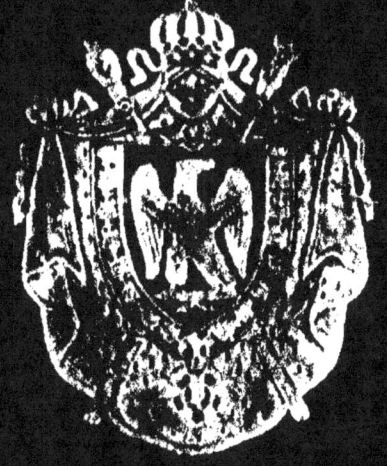

V 2637
G a

23851

CONSIDÉRATIONS

SUR

L'ÉTAT DE LA PEINTURE

EN ITALIE.

DE L'IMPRIMERIE DE L. HAUSSMANN ET D'HAUTEL,
rue de la Harpe, N.º 80.

CONSIDÉRATIONS

SUR

L'ÉTAT DE LA PEINTURE

EN ITALIE,

DANS LES QUATRE SIÈCLES QUI ONT PRÉCÉDÉ CELUI
DE RAPHAEL ;

Par un Membre de la Société Royale de Goettingue,
et de l'Académie de Cortone ;

OUVRAGE

SUIVI DU CATALOGUE RAISONNÉ D'UNE COLLECTION
DE 170 TABLEAUX, DES 12.e, 13.e, 14.e et 15.^e
SIÈCLES.

DEUXIÈME ÉDITION.

A PARIS,

Chez FR. SCHOELL, Libraire, rue des Fossés-Saint-
Germain-l'Auxerrois, N.° 29.

1811.

DE L'IMPRIMERIE DE L. HAUSSMANN ET D'HAUTEL,
rue de la Harpe, N.º 80.

CONSIDÉRATIONS

SUR

L'ÉTAT DE LA PEINTURE

EN ITALIE,

DANS LES QUATRE SIÈCLES QUI ONT PRÉCÉDÉ CELUI
DE RAPHAEL;

Par un Membre de la Société Royale de Gœttingue,
et de l'Académie de Cortone;

OUVRAGE

SUIVI DU CATALOGUE RAISONNÉ D'UNE COLLECTION
DE 150 TABLEAUX, DES 12.º, 13.º, 14.º et 15.º
SIÈCLES.

DEUXIÈME ÉDITION.

A PARIS,

Chez Fr. SCHOELL, Libraire, rue des Fossés-Saint-
Germain-l'Auxerrois, N.º 29.

1811.

CONSIDÉRATIONS

SUR

L'ÉTAT DE LA PEINTURE

EN ITALIE,

DANS LES QUATRE SIÈCLES QUI ONT PRÉCÉDÉ CELUI DE RAPHAEL.

Dans toutes les galeries des souverains de l'Europe, nous admirons une riche collection de tableaux des plus grands maîtres italiens; mais en général parmi ces tableaux, les plus anciens ne remontent qu'à la fin du 15ᵉ siècle. Il est impossible de trouver dans ces ouvrages l'enfance de l'art dont nous n'avons aucune idée; et en parcourant ces galeries, on se demande s'il n'a pas existé précédemment des auteurs qui soient dignes aussi d'une place honorable dans nos musées. J'ai donc conçu le projet de faire en Italie les recherches convenables pour parvenir à connoître les maîtres qui ont précédé Raphaël, Pérugin, Antonio Veneziano, Giotto, Cimabué, et pour rassembler des tableaux des premiers temps.

Ces recherches devoient nécessairement être faites en Toscane et à Venise, où sont venus s'établir les premiers peintres grecs avec lesquels commencent les anciennes écoles florentine et vénitienne. Là, il est facile de voir qu'on a accrédité en Europe quelques erreurs, ou plutôt qu'on ne s'est pas généralement assez entendu en cherchant à fixer l'époque précise du commencement de la renaissance des arts; que Cimabué, Florentin, représenté par Vasari comme le premier élève des Grecs, et le seul restaurateur de la peinture en Italie, a été précédé d'autres peintres italiens; qu'un demi-siècle avant Cimabué, l'école siennoise a produit Guido de Sienne; que Guido de Sienne a été à son tour précédé des deux Bizzamano et de Barnaba, peintres grecs venus de Constantinople.

Vasari, né à Arezzo, ville dépendante de Florence, en parlant de Cimabué, comme du créateur de la peinture (1), n'avoit pas ignoré l'existence de Guido de Sienne; mais l'esprit de division qui régnoit alors entre Sienne et Florence, et qui peut-être règne encore un peu aujourd'hui, au point qu'à Florence on parle d'un Siennois comme d'un étranger, ne permit pas sans doute à Vasari

---

(1) Beaucoup de ces erreurs de Vasari ont été combattues avec avantage par monsignor Bottari, et d'autres auteurs; mais j'ai voulu rapporter en entier les renseignemens que j'ai reçus de différens savans, parce que ces renseignemens présentoient des détails piquans et nouveaux, surtout dans ce qui concerne Barnaba, les deux Bizzamano, etc. etc.

de citer un peintre qui n'étoit pas son compatriote; et sa partialité pour sa patrie le rendit injuste, et historien infidèle.

Le grand tableau de Guido de Sienne qui est si connu, porte une signature authentique et la date de 1221. Il est placé dans la chapelle des Malevolti, à Saint-Dominique de Sienne, et offre cette inscription en vers léonins:

Me Guido de Senis diebus depinxit amenis
Quem Christus lenis nullis velit agere pœnis.
An. 1221.

Il existe d'ailleurs beaucoup d'autres tableaux de ce maître. Ses airs de tête, surtout dans ses saints et dans ses évêques, sont très-nobles. Les Guido de Sienne, de la collection que je vais décrire, placés sous les numéros 23 et 24, et formant deux tableaux, parce qu'il a fallu les séparer pour les transporter à Paris, me paroissent, et c'est l'avis de plusieurs personnes célèbres de Florence, et particulièrement de M. Sampieri, expert de cette ville, qui a retrouvé dans ces compositions le ton, la couleur, les formes du tableau de la chapelle Malevolti; me paroissent, dis-je, préférables aux tableaux de Cimabué, que j'ai pu réunir, ou au moins d'un mérite égal. Le style est déjà aussi franc et aussi déterminé que celui de la madonne du peintre florentin, que l'on conserve si précieusement à Santa-Maria Novella à Florence : peut-être seulement dans ce dernier tableau, le coloris est-il plus vif, et la teinte des chairs est-elle plus vraie et plus naturelle.

Ce qui peut justifier la prédilection de Vasari, c'est que Cimabué obtint de ses contemporains, pendant sa vie, les éloges les plus flatteurs. La mémorable visite que lui fit Charles de France, comte d'Anjou, frère de Saint-Louis, et roi de Naples sous le nom de Charles Ier, ne servit pas peu à augmenter sa gloire, en même temps qu'elle prouva que partout les François honorent les arts et les artistes. Depuis cette visite, le faubourg où logeoit Cimabué, a conservé à Florence le nom de *Borgo-Allegri*, parce que le roi Charles se fit accompagner, comme dans un jour de fête, de ses gardes, de tous ses courtisans et d'une nombreuse suite de pages et d'écuyers. Guido de Sienne ne fut pas comblé de tant d'honneurs; mais il les auroit mérités peut-être, autant que Cimabué.

Je vais offrir quelques réflexions sur cette controverse qui a divisé beaucoup d'écrivains, et je rapporterai les opinions de Lanzi, qui a traité cette matière avec autant de bonne-foi que de talent. D'ailleurs, quelques personnes, parmi lesquelles sont des savans allemands, recommandables par leur mérite, ayant remarqué que j'adoptois avec un peu de précipitation les idées des auteurs qui ont écrit contre Vasari, je crois devoir développer ici mon opinion, et m'appuyer de l'autorité de Lanzi, qui sera d'un plus grand poids que la mienne (1). L'écrivain qui a le plus défendu Vasari, est Baldinucci, auteur de l'ouvrage intitulé, *Notizie de' professori del disegno da Cimabuè in quà*, Florence, 6 vol. in-4°., de 1681 à 1688, et continué par son fils de 1702 à 1728. Cet auteur a écrit que tout ce que l'Italie a produit de bon en peinture, en sculpture et en architecture, vient immédiatement de Florence. Il commence par manifester ainsi son idée : « Pendant que je travaillois à mon ouvrage, je me convainquis intimement que les arts avoient dû leur restauration à Cimabué, ensuite à Giotto et aux artistes, leurs élèves, qui les ré-

_____

(1) V. Lanzi storia pittorica della Italia, Bassano, 1809, in-4.° tom. 1, pag. 23 et suivantes.

pandirent dans tout le monde, et je résolus de le prouver jusqu'à l'évidence, en composant un arbre (en quelque sorte généalogique) dans lequel on verroit que les arts étoient venus jusqu'à nous en partant de ce point. »

Baldinucci présente, en effet, cet arbre généalogique; mais il se fonde sur des faits que l'on a droit de contester: sa première erreur est de désigner comme élève de Cimabué, né en 1240, André Tafi, né en 1213. Cimabué n'a guère pu donner des leçons qu'en 1270, à trente ans, après avoir fait les fresques d'Assise, et alors son élève en auroit eu nécessairement cinquante-sept. Baldinucci, après avoir établi que Tafi a été élève de Cimabué, affecte d'ignorer que le premier est né vingt-sept ans avant ce maître ; il cite ensuite comme élève de Tafi, Fra-Mino da Turrita, mosaïste, et rapporte que celui-ci mourut en 1300 environ. Il ne dit pas qu'il florissoit en 1225; ce qui est constant, puisque sa mosaïque de Saint-Jean, à Florence, porte en grandes lettres cette inscription :

Viginti quinque Christi cum mille ducentis.

Il craignoit sans doute que cet aveu ne ruinât une partie de son systême.

Il importe peu à la cause de Cimabué, défendue par Baldinucci, que le reste de l'arbre généalogique offre des renseignemens plus veridiques. Quoi qu'il en soit, suivant Piacenza lui-même, architecte piémontois, à qui on doit une belle édition de Baldinucci, in-4°., faite à Turin en 1768 et 1770, et enrichie de notes savantes, cette invention de l'arbre de Baldinucci n'est pas très-heureuse (1).

Le Père della Valle, dans la préface

_____

(1) Voyez l'édition de Baldinucci, par Piacenza, tom. 1, pag. 131 et 202.

de son édition de Vasari (1), et da Morrona dans sa *Pisa illustrata* (2), sont à peu près du même sentiment. Enfin l'estimable auteur de l'*Etruria Pittrice*, ouvrage composé à Florence en 1791 et 1795, se montre dégagé de tous les préjugés qui obscurcissoient le commencement de l'histoire de la peinture, et rend à chacun une justice exacte.

Baldinucci eut des contradicteurs, même dans sa propre ville, comme on le voit par son ouvrage *delle veglie*. Il faut cependant convenir qu'il écrivoit dans des temps où l'on étoit moins éclairé sur l'origine de la peinture, et qu'il soutenoit un avis plus commun alors en Italie qu'il ne l'est aujourd'hui. Il avoit d'ailleurs promis au cardinal Léopold de Médicis (3), de défendre ce

---

(1) Page 27.
(2) Page 154.
(3) Lanzi Storia pittorica, tom. 1, page 28.

parti, pour l'honneur de la patrie et de l'illustre maison qui gouvernoit Florence. Les princes de cette famille lui avoient donné tous les encouragemens convenables, pour qu'il avançât hautement cette opinion, et qu'il détruisît l'opinion contraire. Ensuite Baldinucci devoit répondre à Malvasia qui avoit traité Vasari avec beaucoup de dureté, et qui prétendoit venger non-seulement l'honneur de la ville de Bologne, mais encore celui de toute l'Italie et même de la France, en citant, à l'égard de cette dernière contrée, un passage de Félibien qui atteste que l'art du dessin s'y étoit maintenu, même dans les siècles barbares, et qu'il y avoit fait autant de progrès, du temps de Cimabué, que dans tout le reste de l'Italie. Malvasia s'étoit servi d'expressions peu mesurées et sévères, qui avoient irrité Baldinucci. Ce dernier, pour prouver que les Bolonois, les Siennois, les Pisans, et les autres n'avoient appris l'art que des Florentins, se forma un système dont il n'aperçut pas sur-le-champ toute la fausseté: mais plus tard il la connut, comme l'observe encore Piacenza, son éditeur. Les auteurs des systèmes, même les plus ingénieux, sont sujets à de telles erreurs; et l'histoire des lettres est remplie d'exemples semblables (1).

D'après ces considérations, il ne seroit pas possible de se déclarer le défenseur des opinions de Baldinucci; cependant il ne faut pas tout accorder à ceux qui les blâment trop ouvertement. Toute l'amélioration de la peinture ne vint pas de Florence seulement. Bien des auteurs ont observé que la marche de l'esprit humain dans les beaux arts est partout la même. Quand l'homme est mécontent de ce qu'il a

---

(2) Lanzi, tom. 1, page 29.

appris, étant encore jeune, il passe de ce qui est barbare à ce qui l'est déjà moins; il arrive à quelque chose de plus exact et de plus précis; delà il s'élève jusqu'au style noble et choisi, et finit par contracter de la facilité. C'est ainsi qu'il en a été de la sculpture des beaux temps de la Grèce. Il en a été ainsi de la peinture moderne. Le Corrège, pour parvenir d'un style soigné à un style plus brillant, n'eut pas besoin de savoir que Raphaël avoit fait un pas semblable (1), ni de le voir de ses propres yeux. De même les *miniateurs* et les peintres des treizième et quatorzième siècles n'eurent pas besoin de savoir comment l'école florentine avoit avancé l'art, mais plutôt de chercher à connoître s'ils ne marchoient pas dans la mauvaise route. Les guerres et l'esprit de parti interceptoient plus qu'on ne

---

(1) Lanzi, tom. 1, page 30.

pense toutes les communications, les petites jalousies des républiques du moyen âge concentroient dans chacune des nations, les talens qu'elles avoient produits : cet instinct naturel à tous les hommes, qui les porte à chercher en tout une sorte de perfection, ou peut-être le bruit des succès des artistes voisins, forma partout des peintres. Les Pisans et leurs élèves montrèrent des monumens de sculpture avant les Florentins, et il seroit injuste de ne pas considérer les progrès de la sculpture, comme pouvant amener le perfectionnement de la peinture. Dès 1250, quand Cimabué n'avoit que dix ans, les *magistri lapidum* de Sienne et les sculpteurs formoient dans la ville un corps civil, et demandèrent des règlemens à part(1). On ne sait pas si leur demande fut accordée ; mais ce progrès de l'étude de

---

(1) Lanzi, tom. 1, page 312.

la statuaire peut laisser préjuger le progrès de la peinture. La bataille de Monte-Aperto que gagnèrent les Siennois sur les Florentins du parti guelfe, date de l'an 1260, (alors Cimabué n'avoit que 20 ans). Cette victoire qui accrut la puissance de Sienne, donna un nouvel aliment aux arts de luxe : les habitans attribuèrent ce bonheur à la médiation de la Vierge, et multiplièrent ses images dans les rues et dans les édifices publics.

Si les Siennois eussent su alors profiter de la victoire, et, au lieu de s'occuper à soumettre quelques châteaux limitrophes du territoire florentin (1), eussent marché sur Florence avec les Florentins du parti gibelin, qui avoient été leurs auxiliaires dans la bataille, peut-être Sienne fût-elle parvenue à soumettre plus tard la république de Florence;

───────────────

(1) Histoire des républiques italiennes du moyen âge de M. Sismondi, tom. 3, page 241.

alors les historiens siennois auroient prévalu sur les historiens florentins , et l'assentiment général de toutes les villes d'Italie auroit sanctionné leurs opinions, confirmées par le droit de la guerre. Mais en succombant dans la lutte qui régna long-temps entre les deux peuples, les Siennois ne pensèrent pas à réclamer contre des faits devenus plus indifférens pour eux, depuis qu'ils avoient perdu leur indépendance politique.

D'autres réflexions contre une partie du système de Baldinucci, viennent ici se présenter en foule. Si toute l'amélioration de la peinture n'étoit due qu'à Cimabué et à Giotto, tous les bons artistes seroient donc sortis de Florence? Si tous les peintres n'avoient vu que ces deux maîtres, toutes les manières seroient donc semblables à celle des Florentins , véritablement leurs élèves? Mais on remarque un style différent dans les anciennes peintures de Pise, de

Sienne, de Venise, de Milan, de Bologne et de Parme. Ce sont d'autres idées, un autre choix de couleurs, un autre goût de composition, un autre système de draperies, une invention tout à fait différente. Il n'y a aucune conformité de style dans les ouvrages de Cimabué et ceux de Guido de Sienne, de Giunta de Pise, qui fut invité à venir peindre à Assise vers 1230; de Bonaventure Berlinghieri de Lucques, qui florissoit en 1235; de Niccolò della Masnada di San Giorgio qui peignoit à Ferrare en 1240; de Guido, de Ventura et d'Ursone dont on trouve les traces à Bologne jusqu'en 1248, et encore moins dans les portraits de *Tullio* de Perugia qui travailloit en 1219 (1).

―――――――――

(1) *Tullio*, par dévotion à Saint François, et en reconnoissance d'une grace qu'il assuroit devoir à son intercession, se rendit à Assise pendant le fameux chapitre *delle Stuore*, pour y peindre ce Saint d'après

En mettant ici chaque fait à sa place, il ne faut pas oublier que si tous les peintres ne sortirent pas de Florence, comme l'annoncent Vasari et Baldinucci, toute l'autre partie de leur système est fondée. Guido de Sienne (pour ne parler que d'un seul artiste), a travaillé avant Cimabué ; il a un mérite d'antériorité incontestable: mais Guido de Sienne n'a fait que des madonnes, quelques saints, des têtes de vieillards; et en copiant sans cesse les mêmes idées,

---

nature. Ce portrait qui est perdu, a été gravé par Parini de Perugia, sur une autre estampe faite un siècle auparavant. Au dessous du buste du Saint, on lisoit cette inscription en caractères romains : *Io Tullio pittore di Perugia esendo (sic) stato guarito da questo beato huomo F. Francesco d'Assisi di una grandissima apoplesia, sono andato quest'anno* mccxix *al Capitolo delle Store alla M. deli angeli et ho fato (sic) il presente suo ritratto sopra di lui per divocione che io ho in questo beato huomo.* Je dois cette note à M. Pouyard, savant très-versé dans la connoissance des antiquités ecclésiastiques.

il a pu, comme plus tard le Basan, arriver à une perfection relative. Quant à Cimabué, il a pris un essor plus hardi; il a composé des fresques d'une grande dimension : aussi, après avoir déclaré que Cimabué n'est venu que depuis Guido de Sienne, il faut avouer qu'il a plus mérité de son art que ce dernier. Après Cimabué, que Lanzi appelle le Michel-Ange de cet âge (1), à cause des fresques d'un beau style qu'on doit à son pinceau, Giotto peut être appelé le Raphaël de ce temps. Sous Giotto, la peinture acquit déjà tant de grace, qu'aucun de ses élèves, jusqu'à Masaccio, ne put le surpasser : il fut architecte et sculpteur. On a conservé plusieurs de ses modèles en terre, jusqu'au temps de Laurent Ghiberti, mort en 1455. Tout en lui annonce l'étude de la sculpture; il a des plis larges et

––––––––––––

(1) Lanzi, tom. 1, page 18.

majestueux; quelquefois même ses personnages ressemblent trop à des statues. L'auteur de *la Guida di Bologna*, lui reproche d'avoir *dello statuino*. Il peignit à Assise des traits de la vie de saint François, à côté des fresques de son maître Cimabué. Plus il avance dans son entreprise, plus on voit qu'il devient correct et élégant : il soigne plus les extrémités, les attitudes, les paysages; enfin il est, pour les Italiens, le père de la nouvelle peinture, comme Bocace est le père de la nouvelle prose (1). A peine est-il revenu d'Assise, que Boniface VIII l'appelle à Rome; il est invité ensuite, par Clément V, à se rendre à Avignon. A son retour, il travaille pour les plus grandes maisons d'Italie, à Ravenne, à Rimini, à Ferrare, à Milan, à Vérone, à Urbin, à Arezzo, à Naples, à Bologne et à Pise qui préparoit aux

---

(1) Lanzi, tom. 1, page 31.

plus illustres artistes, dans son *campo santo*, une lice où ils pouvoient combattre, comme on avoit fait autrefois à Corinthe et à Delphes(1). Après Giotto, on rechercha ses élèves, Cavallini, Capanna, dans l'école romaine; les deux Pace de Faenza, Ottaviano et Guglielmo de Forli, dans l'école bolonoise; Simon Memmi, à Avignon: ainsi Giotto, pendant tout le quatorzième siècle, servit de modèle, comme Raphaël dans le seizième, et les Carraches dans le siècle suivant; et il n'a pas existé, en Italie, une quatrième manière qui ait eu un tel succès.

On peut donc inférer de tous ces rapprochemens, que de l'école florentine seule, le nouveau style se répandit dans toute l'Italie déjà préparée par plusieurs artistes célèbres, à recevoir de telles leçons; et l'on conclura que, dès

———————————————

(1) Pline xxxv. 9.

le commencement de la renaissance des arts, la plus grande obligation, et non pas toute l'obligation fut due aux Florentins.

La préexistence de Guido de Sienne, et d'autres maîtres une fois reconnue, les services rendus à l'art par Cimabué et Giotto, une fois constatés, il faut rechercher quels sont les peintres qui ont fait à cette époque des tableaux portatifs.

Entre Guido de Sienne et Cimabué, on trouve en Toscane deux artistes qui sont dignes d'éloges, Tafi, Florentin, dont il a été parlé plus haut, et Margheritone d'Arezzo.

Tafi a été un des premiers à introduire dans ses ouvrages, des anges qui jouent du violon. Margheritone a composé beaucoup de tableaux-portraits.

En même temps, Venise avoit une école déjà fréquentée, qu'on appelle l'ancienne école vénitienne. Cette école a produit très-peu de tableaux; elle offre des adorations de mages et de pasteurs, quelques madonnes, des portraits de Saints. On copioit toujours les mêmes sujets, et il y avoit très-peu de différence dans la disposition des figures. La sainte Vierge y est presque toujours représentée assise, tenant sur ses genoux l'Enfant-Jésus, qui, de la main droite, donne la bénédiction à la manière des Grecs, c'est-à-dire en appuyant le doigt annulaire sur le haut du pouce, et en élevant les trois autres doigts, tandis que de la gauche il tient le globe du monde, fascé d'un zodiaque, et surmonté d'une croix en or : quelquefois aussi la Vierge embrasse l'enfant, ou lui donne le sein. Les répétitions si multipliées de semblables tableaux, font croire qu'en général ce sont des copies plus ou moins soignées des images célèbres de Constantinople, ou des principales églises d'Orient, auxquelles les Fidèles avoient le plus de dévotion, et dont ils ne pouvoient autrement se procurer les traits, puisqu'on n'avoit pas encore inventé l'art de la gravure.

Dans les monumens antérieurs au Concile d'Ephèse, tenu l'an 431, contre l'hérésie de Nestorius, la sainte Vierge étoit toujours peinte sans l'Enfant-Jésus; mais la maternité divine ayant été reconnue par ce Concile (1), on s'empressa de peindre la Vierge avec son enfant. Cet usage s'établit, et on s'y conforma avec d'autant plus d'exactitude, qu'il n'étoit pas permis aux artistes grecs de se livrer à leur imagination, ni de s'éloigner en rien du système de composition reçu pour les tableaux sacrés. C'est à l'observation scrupuleuse de cette règle, que nous devons la transmission, pour ainsi dire, des traits des saints Apôtres. En effet, il est aisé de

---

(1) V. Gli opuscoli Calogeriani, tom. 43.

remarquer l'identité de ces traits, qui sont partout les mêmes dans les peintures des écoles grecques, ou de celles qui en dérivent, malgré la différence de siècle et de pays; dans les mosaïques des anciennes églises de Rome, de Ravenne, de Venise, de Naples et de la Sicile; dans les miniatures des manuscrits, dans les diptiques ou triptiques (1) en bois, en ivoire, en métal,

---

(1) On appelle triptiques du mot grec τριπτικος *triplex imago*, des tableaux qui sont ordinairement composés de trois tableaux séparés ; un de ces tableaux qui est le plus grand, sert de sujet principal, et les deux autres se referment sur le premier, comme des volets. On appelle encore cette sorte de tableaux *tabernacles* ou *diptiques*. Ils reçoivent ce dernier nom quand ils ne se composent que de deux pièces, qui se referment l'une sur l'autre. Il y en a cependant de cinq et même de six ou huit pièces. Quelquefois les volets sont peints en dedans et en dehors. On ne s'en servoit d'abord dans l'Eglise grecque, que pour des oratoires domestiques ; bientôt les Occidentaux empruntèrent cet usage; on en peignit ensuite dans l'Orient et dans l'Occident pour les autels des églises. En Oc-

que nous avons aujourd'hui sous les yeux. Les écoles grecques avoient encore un autre usage que l'ancienne école vénitienne du douzième siècle conserva

―――――――――

cident où le goût dit gothique avoit prévalu, on les terminoit en angle aigu, mais dans la Grèce où l'on préféra toujours les lignes droites, on les faisoit carrés, ou cintrés comme quelques-uns des tableaux que nos temples offrent encore aujourd'hui. On trouve de ces tabernacles ou triptiques sculptés en bois ou en ivoire. M. le Prévôt Gori en a publié quelques-uns dans son ouvrage intitulé *trésor des diptiques*. De nos jours, les Russes en ont de métal, et d'une forme très-portative, à l'usage même des soldats; c'est devant ces tabernacles qu'ils font leurs prières. Ces sortes de tableaux ont été appelés en Italie *tavolette*, *ancona*, *cona*, du mot grec Εικων, *imago*. Monsignor Garampi, dans ses *memorie della beata Chiara di Rimini*, pag. 70, note 2, cite une légende de 1442, où il est fait mention d'une de ces *ancone*. *Ancona sive tabula erecta super altare, plena multis reliquiis.* Le sénateur Bonarotti parle aussi fort au long de ces tabernacles, en illustrant le diptique du monastère de Rambone, dans la Marche. Voyez *osservazioni sopra gli antichi vasi di vetro*, pag. 267. M. Millin a fait graver le fameux triptique peint vers 1450, par le roi René d'Anjou, comte de Provence, roi de Naples quelque temps. Les peintres plaçoient au haut de leurs tableaux le nom des Saints qu'ils représentoient, en rangeant les lettres, tantôt sur une ligne perpendiculaire, tantôt sur une ligne horizontale. Cet usage avoit lieu surtout, parce qu'il étoit défendu aux Grecs de vénérer les images sans nom et inconnues. C'étoit une suite du système des iconoclastes. Saint Paulin dit :

Martyribus medium pictis, pia nomina signant.

C'est ce point qui constitue la différence qu'on trouve dans les images ou tableaux des artistes grecs et des artistes latins. Ces derniers, depuis long-temps,

---

et de Sicile : on conserve ce monument à Aix, dans le département des Bouches du Rhône. Le tableau du milieu représente le buisson ardent, au milieu duquel est assise la Sainte-Vierge tenant dans ses bras l'enfant Jésus ; sur les volets, on voit d'un côté ce bon roi entouré des saints, ses protecteurs, et de l'autre, la reine sa femme, également entourée des saints, ses patrons.

ne caractérisent leurs Saints que par les attributs qui leur sont particuliers; saint Pierre par des clefs; saint Jean-Baptiste par une croix; saint Paul par une épée, etc., tandis que les Grecs, qui ne reconnoissent d'attributs divers que pour chaque hiérarchie, comme pour les anges, les apôtres, les évêques, les vierges, les matrones, etc., ont toujours été obligés de distinguer les Saints par leur nom placé en haut, ou au bas du tableau; usage qui fut observé quelque temps par les écoles latines d'origine grecque.

Ces observations ne sont pas cependant tellement propres à l'ancienne école vénitienne, qu'on ne puisse les appliquer à l'ancienne école florentine, qui présente un peintre nommé Barnaba, et deux autres nommés Bizzamano (ces deux derniers sont peut-être parens d'un autre artiste du même nom, qu'on sait avoir vécu plus d'un siècle après eux), qui ne composoient aussi que des Vierges avec l'Enfant-Jésus, dans de très-petites proportions; quelquefois cependant ils introduisoient saint Joseph dans leurs tableaux, et représentoient des adorations de Mages. On connoît encore André Rico, qui florissoit à Candie à la fin du onzième siècle, et au commencement du douzième.

Le numéro premier de la collection qu'on va décrire, a été jugé d'André Rico, parce qu'il renferme en partie toute l'idée d'un tableau de ce maître, qui est dans la galerie de Florence, avec cette inscription rapportée par Lanzi :

Andreas Rico de Candia pinxit.

Lanzi a négligé d'ajouter qu'au-dessous est encore écrit, du même caractère : *in XI sæculo*; ce qu'il étoit cependant important de ne pas oublier.

Je me suis bien assuré qu'il étoit impossible de trouver en Italie les traces d'un peintre de tableaux portatifs, antérieur à André Rico; aussi est-ce celui qu'on peut regarder comme le premier qui soit connu.

Jusqu'au milieu du neuvième siècle, les différentes irruptions des barbares, les persécutions des iconoclastes (1), ou brise-images, avoient par-tout retardé et empêché les progrès de la peinture. On doit bien penser qu'elle s'étoit toujours conservée parmi les Grecs. Quelques auteurs assurent aussi qu'il a existé de tout temps des peintres en Italie (2); mais leurs ouvrages et leurs

---

(1) En 726, Léon l'Isaurien entreprit d'abolir le culte extérieur qu'on rendoit aux images, et fit briser celle de J.-C., qui étoit placée sur la grande porte de l'église de Constantinople.

(2) Voyez Tiraboschi, Histoire de la littérature italienne, tom. 4, vers la fin; la dissertation de Lami sur les peintres qui florissoient en Italie, du dixième au treizième siècle. Elle est ajoutée au traité de la peinture de Léonard de Vinci, Florence 1792.

noms ne sont pas parvenus jusqu'à nous (1).

Il est d'autant plus vraisemblable, suivant le témoignage de Tiraboschi et

---

(1) Il devoit sans doute exister des peintres en Italie, et le culte des images devoit y être en vénération, puisqu'on refusa quelque temps d'y exécuter les ordres de Léon l'Isaurien. Ce prince n'ayant pu réussir à faire partager ses opinions aux savans de Constantinople, avoit ordonné qu'ils fussent enfermés dans la bibliothèque publique, et y avoit fait mettre le feu. Tous y avoient été consumés, ainsi que plus de cinquante mille manuscrits, les antiquités et les tableaux qui y étoient conservés. Les iconoclastes ne purent pas sur le champ commettre en Italie les mêmes violences, mais à la fin du règne de Léon, et sous Constantin-Copronyme, ils commencèrent à briser et à brûler toutes les images qu'ils rencontroient. Artavasde fit un moment la guerre aux iconoclastes. Constantin-Copronyme le vainquit, et permit encore les persécutions. Léon IV alloit être encore plus cruel que son aïeul, Léon l'Isaurien, lorsqu'il finit ses jours, en 780. Nicéphore premier, qu'on peut appeler le premier prince du Bas-Empire, ou de l'empire des Grecs, favorisa aussi les iconoclastes; Michel Rhangabé rétablit le culte des images en 812. Léon V, l'Arménien, s'y déclara contraire en 820; Michel II tâcha de concilier les Catholiques et les iconoclastes, en permettant le culte des images, seulement dans les

de Lanzi, qu'il existoit alors des peintres en Italie, que Rome et d'autres villes offrent des peintures à fresque, du même âge que les mosaïques des Apsides des plus anciennes églises, par conséquent très-antérieures au douzième siècle. Les auteurs de ces peintures sont ou des religieux grecs réfugiés à Rome et dans d'autres villes d'Italie, lors des différentes émigrations occasionnées par

provinces; ensuite il protégea ouvertement ces derniers. Théophile imita son exemple ; enfin l'impératrice Théodora, veuve de Théophile, rétablit tout à fait le culte, en 845. Les persécutions durèrent 119 années. De 843, jusqu'à André Rico, il a pu exister beaucoup de peintres dans l'empire des Grecs, et en Italie. M. d'Agincourt, qui a entrepris à Rome un grand ouvrage sur l'histoire des arts, depuis leur décadence, jusqu'à la renaissance, fait imprimer les recherches qu'il a recueillies à ce sujet. L'ouvrage de ce savant est publié par livraisons ; il atteste ce que peuvent la patience, l'amour de l'étude, un esprit sûr et judicieux: les Français doivent s'applaudir de voir un de leurs compatriotes élever ce monument d'une immense érudition, fait pour honorer à jamais le commencement du 19.e siècle.

les poursuites des iconoclastes, ou ce sont des élèves de ces mêmes religieux, qui en formèrent par-tout. Léon Allatius, dans son Livre *De perpetuá consensione* (1), semble confirmer cette assertion par ces paroles :

« *Copronymi Constantini tempore, innumeri ferè monachi et pictores potissimùm, et qui in pingendis sacris imaginibus operam collocaverant, è Græciá Romam aufugiunt; his Paulus Papa I, ut ait Anastasius, monasteria attribuit, in quibus secundum græcorum ritum officio persolverent; nam voluit in monasteriis eadem eos præstare officia quæ in suis orientalibus monasteriis præstare consueverant, ut Severinus, Binius, in ejusdem Pauli vitá adnotavit; imò antè, Pauli et Martini primi tempore....... nominantur monachi Geo. Rhenati Conon, et Stephanus Dom... Irsitiæ,* etc..... »

---

(1) Livre 1, chapitre VI, page 122.

Cette autorité est fortifiée par celle du père Papebrock, dans son ouvrage intitulé : *Paralipomena*, in catalago Sanctorum (1), à l'occasion d'un portrait de saint Grégoire, dont le nom est en caractères grecs, (sic) CTS. Il dit : *Minus enim videre debet quod nomen græcis litteris exprimatur, nec ipsum tantum, sed etiam titulus CTS., id est STS (sanctus), ut enim eâ ætate frequenter à Græciâ adveniebant monachi eleganter scribendi pingendique periti, iconomachorum principum declinantes vesaniam*, etc.

Je vais joindre ici la nomenclature des peintures à fresque, à peu près de ce temps, qui existent encore à Rome. Il n'y a pas de doute qu'après celles des thermes de Titus, qui sont évidemment du premier siècle, et celles des catacombes, qui sont généralement

---

(1) Part. 2, page 54, col. 1.

des 4e et 5e siècles, les plus anciennes ne soient celles de l'église souterraine de Saint-Urbain, au dessus de la grotte de la nymphe Egérie et de la vallée *Caffarella* ; celles de l'église souterraine de Saint-Martin des Monts ; celles de la chapelle de *sancta sanctorum* ; de l'intérieur du clocher de sainte Praxède, de l'oratoire de saint Sylvestre dans le couvent de Saint-Martin des Monts, de l'église supérieure de la *Caffarella*, du calendrier de l'ancien laboratoire des Cisterciens du monastère de Saint-Vincent et de Saint-Anastase aux trois fontaines, bâti en 624 ; de l'ancienne sacristie de Saint-Sabas, église qui appartenoit aux Basiliens grecs réfugiés ; de la sacristie de la basilique St-Paul-hors-les-murs ; quelques fragmens dans l'église de Sainte-Marie *in cosmedin* ; les peintures de l'église souterraine de Saint-Cosme et Damien *in campo vaccino* ; celles de l'ancien portique de Sainte-Cécile, dont le seul tableau qui reste, a été transporté dans l'intérieur de l'église; celles de la chapelle des Marbriers dans la cour de l'église de *Santiquatro;* enfin celles du portique de Saint-Laurent-hors-les-murs. Ces fresques annóncent par le style, le dessin, et par leurs vues d'architecture, tous les principes des écoles grecques; c'est aussi à la même époque qu'il faut rapporter les anciens tableaux que la piété et la dévotion des fidèles, plutôt que des preuves certaines, supposent peints d'une manière surnaturelle.

J'ai visité, dans plusieurs voyages à Rome, les fresques que je viens de citer, et je n'en ai été que plus animé du désir de réunir la collection que je possède à Paris. Puisqu'en Italie on ne connoissoit aucun auteur de tableaux portatifs qui précédât André Rico, j'ai pris pour base de mes observations l'époque à laquelle vivoit ce maître, c'est-à-dire le commencement du douzième siècle, ou la fin du onzième. J'ai porté ensuite mes recherches jusqu'à la fin du quinzième, et jusqu'au moment à peu près où cessa de travailler Pérugin, maître de Raphaël.

Un tableau du Pérugin, daté de l'année 1500, se trouve dans l'église de Vallombrose près Florence. Ce peintre étoit alors âgé de cinquante-quatre ans, et dans la force de son talent. Ainsi les beaux travaux du Pérugin paroissent finir avec le quinzième siècle, et c'est là le terme où finissent également mes observations.

Il convient peu à un particulier de penser à rassembler des tableaux authentiques de Raphaël, du Corrège, du Titien, de Jules Romain, d'André del Sarto, des Carraches, du Guide, du Dominiquin, et de tant d'autres grands hommes: une collection dans ce genre, qui ne seroit pas faite par un gouvernement puissant, ne pourroit être qu'incomplète ; tandis qu'on a pu, avec du zèle, des soins infinis, des sacrifices et de la persévérance, parvenir à former la collection dont je présente le catalogue, et qui est assez complète, pour aider, par la suite, une main plus exercée que la mienne, à écrire l'histoire générale de l'art à cette époque, en ce qui concerne l'Italie (1).

On parle à nos jeunes artistes de Raphaël, comme du peintre qui a le plus honoré le seizième siècle. On rend à ce grand génie toute la justice qu'il mérite ; mais pourquoi ne pas leur ap-

---

(1) Un Anglois a entrepris de faire la même collection à Florence, il y a 30 ans : il avoit déjà acquis 25 tableaux, et on avoit fait pour lui les recherches historiques dont j'ai profité ; mais il a abandonné ce projet, et ces mêmes tableaux ont été revendus à Florence, à différens particuliers. Les plus intéressans de ces tableaux font partie de la collection qui est actuellement à Paris.

prendre et leur démontrer que, quatre siècles avant Raphaël, il y avoit déjà de la grace dans les compositions; que dans plusieurs parties, le dessin offroit de la correction et de la pureté, et qu'enfin, avant lui, Orcagna, Starnina, Dello, Fra-Lippi, Pesellino Peselli, avoient peint, sous le nom de *caissons*, d'énormes tableaux sur bois, où l'on voit les arabesques que, suivant plusieurs auteurs, Raphaël n'auroit vues nulle part; où l'on trouve une grande fraîcheur de coloris, une assurance de pinceau, qui n'est accompagnée d'aucun repentir; des draperies raisonnées, des morceaux d'architecture éclairés du jour convenable, et même assez d'érudition pour prouver que ces maîtres ont connu les vêtemens respectifs des nations, les usages, les animaux et les plantes du climat où la scène se passe?

Raphaël n'est pas tombé tout à coup du ciel pour illustrer le siècle de Jules II et de Léon X. Son talent est l'addition de tous les talens qui avoient existé précédemment; il est bien que ces talens soient aussi connus. Les quarante-deux maîtres (1) dont on rapporte ici des tableaux, ont rendu à Raphaël le service d'exciter son émulation, d'ennoblir son ame, et d'élever son enthousiasme; ils ont eu aussi nécessairement le mérite d'avoir augmenté les difficultés de l'art;

---

(1) On ne sera pas étonné de voir que je n'ai pu réunir pour l'espace de ces quatre siècles si reculés, que des tableaux de 42 maîtres italiens, quand on réfléchira que les musées les plus riches ne présentent que des tableaux de 124 maîtres d'Italie, depuis le milieu du quinzième siècle, jusqu'à nos jours, c'est-à-dire, depuis l'époque du plus beau temps de la peinture, pendant lequel le même pays comptoit cinq écoles principales, si renommées, qui ont produit plus de trois mille maîtres. (Voyez le sixième volume de Lanzi). La nomenclature qu'il offre, est de trois mille dix-huit artistes; il faut en ôter quelques peintres étrangers, mais en y ajoutant ceux qu'il n'a pas connus, il n'y aura pas d'exagération à en porter le nombre à plus de trois mille.

ils ont supporté les premiers coups de la critique chez une nation fine, pleine de tact et de goût. Adressons donc quelques hommages à des rivaux laissés bien loin dans la carrière, mais à qui nous devons peut-être les chefs-d'œuvres du fondateur immortel de l'école romaine (1).

Après André Rico, Barnaba, Bizzamano, Bizzamano neveu, l'ancienne école vénitienne du douzième siècle ; Guido de Sienne, l'ancienne école vé-

---

(1) C'est dans notre riche musée de Paris, que nous sentons évidemment les obligations que nous avons aux prédécesseurs de Raphaël, qui ont si noblement enflammé son génie. On y voit 26 tableaux de ce maître, qui donnent une juste idée de son divin talent.

Il a été fait dans ce musée de nouvelles dispositions très-ingénieuses, pour changer l'ordre dans lequel sont rangés quelques-uns des tableaux, pour augmenter, graduer et adoucir le jour qui doit les éclairer : rien n'égale dans l'univers entier, la magnificence de cette galerie, où l'on trouve à chaque pas des trésors inestimables.

nitienne du treizième siècle; Tafi, Marghéritone, Cimabué, Diodato da Lucca qui fleurirent jusqu'à la fin du treizième siècle, se présentent Giotto, élève de Cimabué, Simon Memmi, Buffalmacco, Spinello Aretino, Giottino, Antonio Veneziano, André Orcagna, Ange Pucci qui travailloit en 1350, et qui dans la collection a un tableau de cette date sous le n°. 101; enfin, Starnina, Dello, et Masolino da Panicale.

Giotto mérite une attention plus particulière ; on remarque que ses ouvrages religieux, quoique supérieurs à ceux de Guido de Sienne et de Cimabué, sont inférieurs à d'autres ouvrages où il a traité des sujets profanes et des scènes politiques dont il étoit témoin.

Je me suis attaché à rechercher ceux de ses tableaux qui sont dans ce dernier genre, et j'ai eu le bonheur d'acquérir un tableau rond qui représente des guerriers florentins prêtant serment devant une statue de la justice. Il porte les armes des Médicis, à qui il a appartenu depuis.

A la tête du quinzième siècle, on trouve Masaccio, auteur très-aimé de Raphaël qui dessinoit d'après lui; Laurent di Bicci, Paul Uccello, Pesellino Peselli, Sandro Botticelli, David et Dominique Ghirlandajo son frère, enfin Pierre Pérugin.

Je viens d'indiquer les noms des principaux auteurs dont j'ai recueilli les ouvrages; je vais expliquer le sujet des différens tableaux de la collection. Elle se compose de cent cinquante tableaux, tous réunis dans un même local. Je donnerai la date de la naissance et de la mort de tous les auteurs; et comme à cet égard je n'ai pu toujours me procurer les renseignemens que j'aurois désirés, je suppléerai à la date de la naissance et de la mort, lorsqu'elle ne sera pas connue, par celle de l'époque à laquelle florissoient les maîtres.

Je commencerai par consigner ici des observations qu'on jugera peut-être importantes. Presque tous les tableaux du douzième siècle, que j'ai vus ou que je possède, sont peints sur bois, excepté ceux de Barnaba, qui sont sur toile collée sur bois : quelquefois ce bois est du sorbier, plus souvent du pin et du chêne. Le fond est toujours en or; je n'ai remarqué de fonds peints que dans quelques tableaux de Bizzamano et d'un autre auteur grec.

Presque tous ceux du treizième siècle sont peints sur toile collée sur bois; quelques déchirures, que je n'ai pas fait restaurer, permettent de bien distinguer cette toile, qui est très-blanche et assez fine. Sur la toile est une couche de plâtre, recouverte d'or; c'est sur l'or que l'on peignoit ensuite. Ce procédé se reconnoît aisément, parce que l'or reparoît dans les parties où la peinture est un peu effacée.

Tous les tabernacles et quelques Guido de Sienne, sont peints sur bois; les autres tableaux, sur toile collée sur bois; tous ont un fond d'or plus ou moins riche.

Les anciennes écoles vénitiennes ont des fonds d'architecture peints de différentes couleurs. Tafi entoure d'or la tête de ses principaux personnages; il a aussi des fonds d'or. Marghéritone d'Arezzo n'a que des fonds d'or; il a peint aussi sur cuivre, et je dois à M. l'abbé Rivani de Florence, amateur distingué de tout ce qui est objet d'art, et connoisseur très-éclairé des anciennes peintures, les deux Marghéritone sur cuivre qu'on trouvera sous les numéros 40 et 41. Il me les a donnés en échange d'un tableau moderne. Cimabué emploie des fonds d'or et des fonds peints; il a peu travaillé sur toile collée sur bois.

Dans le quatorzième siècle et dans le quinzième, on peignoit sur bois plus généralement que sur toile collée sur bois. On trouve aussi de temps en temps des fonds d'or dans ces deux siècles. Il y a, en général, des fonds d'or unis, ce sont les plus communs; il y en a qui représentent des oiseaux, des fleurs et toutes sortes d'ornemens, qu'on appliquoit avec des fers pareils à ceux qu'emploient les relieurs. On peut reconnoître les fers particuliers de chaque maître : aussi, sous beaucoup de rapports, une collection de tableaux anciens est plus aisée à bien classer qu'une collection de tableaux modernes; on ne trouve pas, d'ailleurs, cette quantité de copies qui embarrassent les experts les plus habiles.

Vers la fin du quinzième siècle, on voit la peinture à l'huile, que les Italiens n'ont connue qu'après Van-Eyck, dit Jean de Bruges, qui florissoit en 1422;

jusqu'à ce moment, tout est peint généralement avec le procédé appelé *tempra*, c'est-à-dire, à détrempe, et cependant avec une solidité remarquable; l'eau ne peut pas même altérer les couleurs.

Le chimiste Pierre Bianchi, qui est très-estimé en Italie, a fait à Pise l'analyse des couleurs de plusieurs tableaux des premiers temps, qui paroissoient peints à l'huile, et il a découvert, après des recherches très-exactes, que les peintures les plus anciennes, dans lesquelles on remarquoit le plus d'éclat, renfermoient des parties de cire. Cette matière étoit connue des Grecs qui avoient donné des leçons aux premiers peintres italiens. Ils s'en servoient comme d'une sorte de vernis pour couvrir la peinture, lui donner de la consistance, la préserver de l'humidité, et y jeter un ton diaphane et brillant. On a observé que la dose de cire diminue dans les tableaux du quatorzième siècle ; et après 1360, commence un procédé à peu près semblable, mais qui n'a plus autant d'éclat. Les expériences multipliées n'ont jamais donné pour résultat aucune partie d'huile, excepté quelques gouttes d'une espèce d'huile éthérée, dans laquelle le savant professeur Bianchi pense qu'on faisoit fondre la cire avant de l'employer.

Indépendamment de la cire, on faisoit usage de certaines gommes et de jaunes d'œufs, qui trompent, au premier coup-d'œil, les observateurs les plus exercés ; aussi ces tableaux ressemblent-ils à des tableaux peints légèrement à l'huile. Lanzi, dans le premier volume de son bel ouvrage, que j'ai déjà tant de fois cité, déclare qu'il doit les détails qu'il publie à ce sujet, à M. le comte Durazzo, qui, en 1793, lui dit à Venise que d'autres expériences avoient été faites à Vienne, par ordre et en présence du prince de Kaunitz, et avoient offert les mêmes résultats.

Ce sont peut-être ces gommes et ces jaunes d'œufs, artistement préparés, qui ont fait croire que le tableau, placé à Naples dans la sacristie de l'église de Saint-Laurent des Pères Mineurs conventuels, tableau daté de 1436, attribué à Colantonio, peintre napolitain, et représentant Saint-Jérôme qui tire une épine du pied d'un lion, a été peint à l'huile, et que conséquemment la découverte de la peinture à l'huile n'est pas due à Jean de Bruges. C'est envain que plusieurs savans ont soutenu cette opinion : la présence de quelques parties d'huile qui aura été constatée par l'analyse d'une portion de ce tableau, ne prouve pas suffisamment que Colantonio ait connu le procédé de peinture à l'huile, tel que Jean de Bruges l'a employé et l'a enseigné à toutes les écoles.

Les mémoires du temps sont très-favorables à Jean de Bruges; on ne cite comme ayant été peint à l'huile, avant l'époque où le secret de Van-Eyck fut connu, que le tableau de Saint-Jérôme, décrit plus haut, et un autre qu'on voit à Santa-Maria Nuova. Mais pourquoi ne parle-t-on que de ces deux tableaux? Il existe à Naples beaucoup de peintures du quatorzième et du quinzième siècle. Pourquoi ne les a-t-on pas examinées? pourquoi ne fait-on mention que de Colantonio? Signorelli, dans ses *Vicende della Coltura delle due Sicilie, Napoli*, 1787, 91, in-8º., répète le même argument avec beaucoup de chaleur et de talent, et déclare que *Colantonio del Fiore a été le premier à peindre à l'huile*; mais Piacenza, qui a vu les deux tableaux cités, qui les a observés avec l'attention la plus marquée, déclare qu'il n'a pas été en état de distinguer si effectivement ils sont peints à l'huile (1). D'ailleurs, pourquoi le nom de Van-Eyck a-t-il rempli l'Europe entière? Tous les peintres se sont mis en rapport avec lui, tous les princes ont recherché ses ouvrages. Ceux qui n'ont pu l'attirer ont appelé ses élèves, Hugues d'Anvers, Antonello de Messine, Roger : et, au contraire, qui, hors de Naples, connut alors Colantonio? Qui ambitionna d'avoir les ouvrages de Solario, son gendre et son élève? Si Colantonio peignoit à l'huile, pourquoi Solario a-t-il dédaigné ce procédé? Pourquoi les élèves de Solario n'ont-ils travaillé qu'en détrempe? Pourquoi les maîtres siciliens, curieux de devenir plus habiles, s'embarquoient-ils pour Venise, où étoit Antonello, et ne s'arrêtoient-ils pas à Naples? Toute l'école de Venise, à l'époque de la mort d'Antonello qui avoit appris le secret de Jean de Bruges lui-même, atteste que ce Si-

―――――

(1) Lanzi, tom. 2, page 293.

cilien *avoit, le premier, peint à l'huile en Italie;* et personne alors ne s'éleva pour défendre Colantonio et Solario.

Ridolfi, dans ses *maraviglie dell' arte ovvero le vite degl' illustri pittori veneti e dello stato. Venezia,* 1648; 2 vol. in-4.º, pag. 49, rapporte ainsi l'inscription funéraire faite pour Antonello, au nom des peintres vénitiens.

Antonius pictor, præcipuum Messanæ suæ et totius Siciliæ ornamentum, hâc humo contegitur, non solum suis picturis in quibus singulare artificium, et venustas fuit, sed et quòd coloribus oleo miscendis splendorem et perpetuitatem PRIMUS ITALIÆ PICTURÆ *contulit, summo* SEMPER *artificum studio celebratus.*

Colantonio et Solario ne surent donc pas peindre à l'huile, ou le surent trop imparfaitement pour qu'on puisse prouver que Vasari s'est trompé en accordant à Antonello la gloire d'avoir introduit en Italie l'usage du procédé de Jean de Bruges. Dominici, dans ses *Vite de' pittori, scultori e architetti napolitani. Napoli,* 1742, 43, 45; 3 vol. in-4.º, a fait plus encore que les autres auteurs partisans de Colantonio : il dit que ce procédé fut d'abord connu à Naples, d'où il parvint à Bruges à la connoissance de Van-Eyck. Cette opinion heurte trop visiblement toutes les opinions reçues. Je sais que chaque pays est jaloux de la gloire nationale; mais dans cette cause, l'école de Naples n'a pas besoin de citer Colantonio : il peut lui suffire que l'école vénitienne ait rendu tant d'hommages à Antonello, l'un des plus grands maîtres de l'école napolitaine, qui, enflammé de l'amour de son art, accourut à Rome sur le bruit des succès de Masaccio, pour dessiner les statues antiques; de là il revint à Naples, où ayant vu un tableau de Jean de Bruges, que des marchands florentins apportoient au roi Alphonse, il se sentit tourmenté du désir de voir l'auteur de cet ouvrage. Il ne prend aucun repos, il se dirige vers la Flandre; par des soins empressés, des témoignages de respect et de tendresse, et le don de quelques dessins de manière italienne, il obtient de Van-Eyck la communication de son secret, ferme les yeux de son bienfaiteur, qui étoit très-avancé en âge, reparoît un instant dans sa patrie, enfin se fixe à Venise, où il meurt âgé de quarante-neuf ans, entouré d'élèves reconnoissans, et jouissant d'une estime universelle.

Il est temps d'offrir le catalogue de la collection; mais il convient encore de rappeler ici plus en détail un genre de peinture que je n'ai fait qu'indiquer. Je veux parler des tableaux connus sous le nom de *Cassoni* ou *coffres*. L'usage de peindre la partie extérieure des coffres dans lesquels on enfermoit les présens de noce donnés aux jeunes mariées, paroît avoir été apporté en Toscane par les peintres grecs. André Tafi, écolier d'Apollonio, peintre grec, en introduisit l'usage.

Dans le quatorzième siècle, il fut imité par Spinello Aretino, écolier de Jacques da Casentino, et par Taddeo Gaddi, fils de Gaddo Gaddi; mais jusqu'alors les caissons n'avoient été que très-petits: André Orcagna en composa de beaucoup plus grands. On voit même que ces coffres peuvent se fermer, puisqu'on distingue la place où étoit la serrure. Ceux de Dello, Florentin, ont pour sujets des faits historiques. Frà-Filippo Lippi et Pesellino Peselli firent encore des caissons plus longs, et d'un travail si soigné, qu'on ne peut les voir sans éprouver un sentiment de plaisir et d'étonnement. Les plus grands artistes ne dédaignoient pas de faire des *cassoni*.

Comme il seroit heureux qu'un semblable usage se renouvelât! Nous avons aujourd'hui tant de talens à employer! L'art de la peinture ne pourroit faire que des progrès plus éclatans, s'il étoit consacré à embellir nos fêtes de mariage; à l'époque d'une noce, on est toujours généreux, il faut même presque paroître prodigue. Les premiers artistes peindroient les *cassoni* destinés aux personnes riches; chaque femme d'ouvrier voudroit avoir son *cassone*, comme encore aujourd'hui les paysannes de Toscane exigent, avant de recevoir l'anneau nuptial, que l'époux leur ait fait présent d'un long collier de perles fines; les artistes de tous les rangs, de tous les talens seroient dignement récompensés; ils attacheroient autant d'amour-propre à faire un beau *cassone*, qu'à peindre un beau portrait; il naîtroit aussi de grands peintres dans nos départemens; le peuple perfectionneroit insensiblement cet esprit et ce discernement qu'on surprend dans tous les jugemens spontanés qui lui échappent, et le goût de la peinture entreroit dans les habitudes de la nation.

Paul Uccello, qui a laissé une réputation méritée, peignoit des *cassoni*; il peignoit aussi des plateaux, sur lesquels on offroit des présens aux femmes accouchées. Son tableau, sous le n°. 124, daté du 25 avril 1428, est une composition qui, par son style et sa date, justifie la classification de la fin de la collection, comme le n°. 101 d'Ange Pucci, daté de 1350, justifie la classification du commencement. Ainsi les grands *cassoni* et les plateaux comme celui que je viens de citer, appartiennent généralement au quinzième siècle, et ne se trouvant plus que dans un autre forme depuis le Pérugin, ils servent à ranger dans un ordre exact les monumens de ce temps.

On croit que Raphaël et Jules Romain ne firent pas de *cassoni*, et donnèrent seulement des dessins pour les vases de Majolica.

André del Sarto a cependant peint des *cassoni*. Plusieurs personnes très-instruites, à qui j'ai montré à Paris ceux que, dans la 1.ère édition de cet ouvrage, j'avois placés sous les N.ᵒˢ 88, 89, 90, et que j'avois attribués à Frà-Filippo Lippi, y ont vu un style pur et une poésie charmante, qui leur ont fait juger que ces tableaux sont plutôt d'André del Sarto, peintre du seizième siècle. A cause de l'incertitude où m'ont laissé leurs observations, que j'ai trouvées très-sages, et d'après le plan de mon travail, qui n'arrive que jusqu'au quinzième siècle, et ne dépasse pas Raphaël, maître d'André del Sarto, je n'ai pas compris ces cassoni, dans le catalogue de la collection actuelle; mais ils n'en sont pas moins encore en ma possession, et je recevrois avec reconnoissance, des amateurs et des artistes, les avis qui seroient propres à dissiper mes doutes, et à faire reconnoître d'une manière certaine, l'auteur de ces belles compositions.

Je passe maintenant à l'explication générale des tableaux, que j'ai promise.

CATALOGUE

RAISONNÉ

D'UNE COLLECTION

DE 150 TABLEAUX,

DES 12ᵉ, 13ᵉ, 14ᵉ ET 15ᵉ SIÈCLES.

DOUZIÈME SIÈCLE.

ANDRÉ RICO, *de Candie, mort vers 1105.*

1. VIERGE, son fils dans ses bras, avec cette inscription grecque Μρ. θυ. par abréviation pour, μήτηρ θεου. *Mater dei.* La tête de la Vierge est couronnée, ainsi que celle de l'enfant; les deux figures ont une teinte noire qui ne manque cependant pas d'expression. L'enfant tient un livre de la main gauche, et donne la bénédiction de la main droite.

On ignore à quel âge est mort André Rico ; il travailla jusqu'à sa mort. Il envoyoit, en Italie, des ouvrages finis et des échantillons de tableaux: lorsqu'on lui commandoit un tableau sur ces échantillons, il s'empressoit de le composer et de le transmettre à sa destination.

Le n°. 1er est un de ces échantillons de tableaux ; il est peint sur un bois très-dur et bien conservé.

Les Grecs d'aujourd'hui ont encore presque cette même manière de peindre. Il y a un peu plus de soin dans les draperies et de vérité dans les figures ; mais on reconnoît les mêmes poses et la même idée. Cette observation paroîtra juste à ceux qui ont vu les peintures des Grecs actuels, à Constantinople, dans l'Archipel, et même en Russie.

Hauteur, 95 millim. (3 pouces 6 lignes.)
Largeur, 68 millim. (2 pouces 6 lignes.)

Barnaba, *mort en* 1150, *en Toscane.*

2. Vierge et son fils. L'enfant passe ses bras autour du cou de sa mère qui se penche tendrement sur son fils. La draperie qui couvre la Vierge, revient jusques sur sa tête; celle de l'enfant est nue; au-dessus de la Vierge est cette inscription, M$ρ$. Ϙ𝗎. Au-dessus de l'enfant on lit : I. H. χρ. pour ιησυς χριστος.

Ce tableau est sur toile collée sur bois.

Hauteur, 239 millim. (8 pouces 10 lignes.)
Largeur, 225 millim. (8 pouces 4 lignes.)

Bizzamano, *qui florissoit en Toscane, vers* 1184.

3. Vierge, son fils, saint Joseph; au-dessus de la Vierge, M$ρ$. Ϙ𝗎. L'enfant, de la main gauche, assujétit le globe du monde sur ses genoux, et donne la bénédiction de la main droite; saint Joseph paroît en adoration.

Hauteur, 343 millim. (1 pied 8 lignes.)
Largeur, 280 millim. (10 pouces, 4 lignes.)

4. Vierge et son fils. L'enfant met sa main gauche dans la main droite de sa mère.

Hauteur, 298 millim. (11 pouces.)
Largeur, 257 millim. (9 pouces 6 lignes.)

5. Vierge et son fils. L'enfant tient le globe dans sa main gauche; de la droite il donne la bénédiction; au-dessus de la mère, Μρ. Θυ. Au-dessus de l'enfant, ιε. χς. La tête de l'enfant est couverte d'une espèce de perruque semblable à celle qu'on voit sur la tête de l'Empereur Othon, dans ses médailles grecques et latines; les figures se détachent sur une draperie verte.

Hauteur, 171 millim. (6 pouces 4 lignes.)
Largeur, 133 millim. (4 pouces 11 lignes.)

6. Vierge, son fils, saint Jean, des arbres. L'enfant tette le sein gauche de sa mère; saint Jean porte sa croix.

autour de laquelle on distingue ces lettres : *Ecce Agnus.*

Hauteur, 487 millim. (1 pied 6 pouces.)
Largeur, 541 millim. (1 pied 8 pouces.)

7. Vierge et son fils. Au-dessus de la mère, M$_f$. (א.; au-dessus de l'enfant, ι. χc. L'enfant donne la bénédiction de la main droite, et tient le globe de la main gauche. Les deux têtes ont une expression très-animée; la draperie de la Vierge se prolonge jusques sur sa tête.

Hauteur, 390 millim. (1 pied 2 pouces 5 lignes.)
Largeur, 325 millim. (1 pied.)

BIZZAMANO, *neveu, qui florissoit en* 1190.

8. Vierge et son fils. L'enfant tette le sein gauche de sa mère.

Hauteur, 225 millim. (8 pouces 4 lignes.)
Largeur, 165 millim. (6 pouces 1 ligne.)

9. Adoration des Mages. La Vierge, saint Joseph, l'Enfant-Jésus cou-

ché sur un drap blanc; un Mage à genoux; deux Mages debout; fond d'architecture.

Hauteur, 460 millim. (1 pied 5 pouces.)
Largeur, 388 millim. (1 pied 2 pouces 4 lignes.)

10. Vierge et son fils. L'enfant tette le sein gauche de sa mère; la tête de l'enfant est nue; celle de la mère est recouverte de sa draperie.

Hauteur, 158 millim. (5 pouces 10 lignes.)
Largeur, 129 millim. (4 pouces 9 lignes.)

11. Vierge et son fils. Au-dessus de la mère, Μρ. θν.; au-dessus de l'enfant, ις. χσ. L'enfant tient le globe de la main droite, et de la gauche il donne la bénédiction.

Hauteur, 230 millim. (8 pouces 6 lignes.)
Largeur, 198 millim. (7 pouces 4 lignes.)

12. Vierge et son fils; tableau semblable au précédent, mais sans inscription.

Hauteur, 194 millim. (7 pouces 2 lignes.)
Largeur, 171 millim. (6 pouces 4 lignes.)

13. Vierge et son fils; semblable aux deux précédens.

<small>Hauteur, 190 millim. (7 pouces.)
Largeur, 164 millim. (6 pouces 1 ligne.)</small>

14. Vierge et son fils. A gauche, Μρ. Ɵʋ; à droite, κ. χϛ; l'enfant embrasse sa mère.

<small>Hauteur, 188 millim. (6 pouces 11 lignes.)
Largeur, 149 millim. (5 pouces 6 lignes.)</small>

Ancienne Ecole vénitienne du douzième siècle.

15. Tabernacle. Dans le tableau du milieu, la Vierge est assise sur un trône : elle tient dans ses bras l'enfant Jésus; à droite, saint Jean; à gauche, une sainte; autour du trône, quatre têtes d'anges.

Au-dessus du trône, dans un cadre séparé, Jésus-Christ sur la croix, Marie, saint Jean, à genoux.

Sur le volet gauche, Jésus-Christ dans le jardin des Oliviers; plus bas, Moïse sur le mont Sinaï; sur le volet droit, la figure de la Vierge, et plus bas, un ange armé de toutes pièces.

Hauteur, 514 millim. (1 pied 7 pouces.)
Largeur (en tenant les deux volets ouverts)
460 millim. (1 pied 5 pouces.)

16. Vierge et son fils. L'enfant donne la bénédiction de la main droite ; de la main gauche, il tient un rouleau.

Hauteur, 264 millim. (9 pouces 9 lignes.)
Largeur, 190 millim. (7 pouces.)

17. Vierge et son fils. L'enfant tette le sein droit de sa mère; au-dessus de la mère, Μρ. θυ; au-dessus de l'enfant, ιε χσ ; les bras de l'enfant sont nus.

Hauteur, 210 millim. (7 pouces 9 lignes.)
Largeur, 149 millim. (5 pouces 6 lignes.)

18. Vierge et son fils. L'enfant embrasse sa mère ; le manteau de la Vierge est parsemé d'étoiles d'or.

Hauteur, 248 millim. (9 pouces 2 lignes.)
Largeur, 162 millim. (6 pouces.)

19. Présentation au Temple. Le Grand-Prêtre tient l'enfant que la Vierge vient de lui présenter ; saint Joseph

(67)

offre deux colombes; sainte Anne tient à sa main un rouleau sur lequel on lit : τȣτο το Βρεφος αμαν εστερεας ε γη?. *(sic)* Dans le fond des vues d'architecture.

Hauteur, 310 millim. (11 pouces 6 lignes.)
Largeur, 253 millim. (9 pouces 4 lignes.)

20. Vierge et son fils. La mère et l'enfant sont couronnés; l'enfant donne la bénédiction de la main droite ; et de la gauche, il tient un petit coffre. Tableau rond sur cuivre.

Hauteur, 108 millim. (4 pouces.)
Largeur, 81 millim. (3 pouces.)

21. Vierge et son fils; un saint et une sainte. Autour de l'auréole de la Vierge est écrit en relief : *Ave Maria gratia plena ioo.* L'enfant donne la bénédiction de la main droite.

Ce tableau est cintré dans sa partie supérieure.

Hauteur, 677 millim. (2 pieds 1 pouce.)
Largeur, 386 millim. (1 pied 2 pouces 3 lig.)

TREIZIÈME SIÈCLE.

Guido, *de Sienne, qui florissoit en* 1221.

22. Vierge et son fils. La Vierge est assise sur un trône entouré de colonnes blanches; la draperie est d'un bleu d'azur très-éclatant. L'enfant tient un chardonneret attaché par un fil rouge.

Ce tableau est peint sur toile collée sur bois.

Hauteur, 1,137 mètres. (3 pieds 6 pouces.)
Largeur, 541 millim. (1 pied 8 pouces.)

23. Père éternel; fond d'or sur bois. Ce petit tableau surmontoit le N.º 24.

Hauteur, 185 millim. (6 pouces 10 lignes.)
Largeur, 212 millim. (7 pouces 10 lignes.)

24. La Vierge, l'Enfant-Jésus, saint Jean, deux saints, une sainte tenant un étendard. Ce tableau a six

pieds de haut sur trois de large; il se termine en pointe; il est d'une magnifique conservation. L'enfant tient à la main un chardonneret, qui tâche de le mordre. Sur le fond d'or, il y a une quantité considérable de petits oiseaux. La tête de la Madonne est vue de face; les profils des saints sont très-beaux; un d'eux a une mitre sur la tête, et donne la bénédiction; de la main gauche il tient sa crosse.

Hauteur, 1,950 mètres (6 pieds.)
Largeur, 975 millim. (3 pieds.)

25. La Vierge assise, tenant son fils dans ses bras; deux Saints et deux saintes. L'enfant découvre le sein gauche de sa mère.

La partie supérieure du tableau est cintrée. Il est encadré entre deux colonnes torses sculptées avec goût.

Hauteur, 893 millim. (2 pieds 9 pouces.)
Largeur, 460 millim. (1 pied 5 pouces.)

Ancienne Ecole vénitienne du 13e siècle.

26. Adoration des Mages; la Vierge, l'Enfant-Jésus, saint Joseph. Un Mage à genoux, offrant des présens; un Mage debout; un Mage africain à gauche : costume semblable à celui des sauvages de l'Amérique.

Hauteur, 168 millim. (6 pouces 2 lignes.)
Largeur, 131 millim. (4 pouces 10 lignes.)

27. Adoration des Pasteurs. Saint Joseph, la Vierge à genoux, soulevant le linge qui couvre l'Enfant-Jésus. Un Pasteur à genoux; un autre debout, portant la main à son chapeau. Dans le fond, la tête d'un bœuf et celle d'un âne.

Hauteur, 379 millim. (1 pied 2 pouces.)
Largeur, 325 millim. (1 pied.)

28. Adoration des Mages. Saint Joseph, la Vierge présentant l'Enfant-Jésus à trois Mages.

Hauteur, 288 millim. (10 pouces 8 lignes.)
Largeur, 244 millim. (9 pouces.)

29. Adoration des Mages. La Vierge assise, tenant l'Enfant-Jésus; saint Joseph, un Mage à genoux, deux Mages debout, fond d'architecture.

Hauteur, 325 millim. (1 pied.)
Largeur, 853 millim. (9 pouces 4 lignes.)

30. Un roi assis donnant la main à un guerrier; cinq autres personnages; deux chevaux; fond d'architecture.

Hauteur, 270 millim. (10 pouces.)
Largeur, 724 millim. (2 pieds 2 pouces 9 lig.)

31. La Visitation. Marie, saint Joseph, sainte Elisabeth et Zacharie.

Hauteur, 426 millim. (1 pied 3 pouces 9 lig.)
Largeur, 336 millim. (1 pied 5 lignes.)

ANDRÉ TAFI, *Florentin, né en 1213, mort en 1294, écolier d'Apollonio, peintre grec qui excelloit dans la mosaïque.*

32. Vierge et son fils; saint Jean, saint Pierre, un ange qui joue du vio-

lon, et un autre qui joue de la mandoline.

Hauteur, 487 millim. (1 pied 6 pouces.)
Largeur, 336 millim. (1 pied 5 lignes.)

33. Naissance de Jésus-Christ. Saint Joseph est en adoration. Dans le fond, des pasteurs et des troupeaux.

34. Adoration des Mages. Saint Joseph, la Vierge présentant l'enfant à un Mage à genoux; deux autres Mages; un écuyer; deux têtes de chevaux.

Ce tableau et le précédent sont des caissons. Ils ont chacun de

Hauteur, 345 millim. (1 pied 9 lignes.)
Largeur, 266 millim. (9 pouces 10 lignes.)

MARGHERITONE, *d'Arezzo, mort à 77 ans, après* 1289.

35. Jésus-Christ tenant de la main gauche un livre, sur lequel est écrit : *Ego sum lux mundi*, et donnant la bénédiction de la main droite.

Hauteur, 730 millim. (2 pieds 3 pouces.)
Largeur, 510 millim. (1 pied 6 pouces 10 lig.)

36. Saint Pierre tenant les clefs, et une croix.
37. Saint Jean-Baptiste vêtu d'une peau de mouton, et tenant une croix.
38. Un saint portant une couronne royale sur la tête, et tenant une flèche.
39. Un saint tenant un rouleau en main.

 Ces quatre N.ᵒˢ ont de
Hauteur, 574 millim. (1 pied 9 pouces 3 lig.)
Largeur, 329 millim. (1 pied 2 lig.)

 Ils sont tous quatre, ainsi que le N.º 35, sur toile collée sur bois.

40. Saint François d'Assise, tenant un livre sur lequel est écrit : *Vera S. Francisci effigies. T*.
41. Sainte Claire d'Assise, tenant un livre sur lequel est écrit : *Vera S. Claræ d'Assisio effigies.*

 Ces deux tableaux sur cuivre ont chacun de
Hauteur, 270 millim. (10 pouces.)
Largeur, 176 millim. (6 pouces 6 lignes.)

Ecole de Margheritone.

42. Fuite en Egypte. La Vierge montée sur un âne tient dans ses bras l'Enfant-Jésus, qui, en passant, cueille une datte sur un dattier. Saint Joseph suit, en portant un petit paquet sur un bâton.

Ce tableau est sur toile collée sur bois.

Hauteur, 244 millim. (9 pouces.)
Largeur, 304 millim. (11 pouces 3 lignes.)

CIMABUÉ, *né en* 1240, *mort en* 1300.

43. Un Christ sur la croix. Tabernacle. Le tableau du milieu représente un crucifiement. La croix porte cette inscription : *Hiesus Nazarenus, rex Judœo*. Au pied de la croix sont Marie et trois saints; plus bas, à genoux, saint François, et une sainte tenant une palme en main.

Sur le volet gauche, on voit la

Vierge, l'Enfant-Jésus et deux saints.

Sur le volet droit, dans la partie supérieure, est saint Christophe portant Jésus-Christ enfant; plus bas, deux saints.

Hauteur, 325 millim. (1 pied.)
Largeur, les deux volets ouverts,
433 millim. (1 pied 4 pouces.)

44. Vierge tenant l'Enfant-Jésus. Saint Jean, saint Pierre, saint Paul, un évêque, deux anges.

L'enfant tient un oiseau.

Au-dessus, dans un petit cadre rond, Notre-Seigneur tenant un livre, et donnant la bénédiction.

Jusqu'à cette époque, on remarque que les peintres n'avoient jamais montré les pieds de leurs personnages, excepté dans l'ancienne école vénitienne du douzième siècle, et dans quelques Guido de Sienne. Cimabué, dans ce N.º, a peint saint Jean, de manière que sa draperie relevée laisse apercevoir son pied droit.

On remarque aussi que le pied ne pose à terre que sur la pointe : ce défaut est en général celui des peintres grecs ; ils ne pouvoient pas bien dessiner les pieds, et ils évitoient de les montrer, parce qu'ils ne savoient pas les faire poser juste et d'à-plomb.

Après Cimabué, qui a osé les faire voir, quoique souvent avec peu de succès, on a mieux réussi dans cette partie essentielle, et qu'il est étonnant qu'on ait si long-temps négligée.

Hauteur, 555 millim. (1 pied 8 pouces 6 lig.)
Largeur, 244 millim. (9 pouces.)

45. **Vie de Jésus-Christ.** Six tableaux en un seul. Annonciation, naissance de Jésus-Christ. La Vierge tient l'enfant sur ses genoux, et

est elle-même assise sur ceux de sainte Anne sa mère. Repas d'Emmaüs. Portement de croix. Crucifiement. Descente de croix.

Simon Memmi a depuis beaucoup imité cette manière de peindre.

Hauteur, 541 millim. (1 pied 8 pouces.)
Largeur, 460 millim. (1 pied 5 pouces.)

46. Père éternel couronné.
47. Un Evangéliste.
48. Un saint tenant une scie.
49. Un saint.
50. Un autre saint.

Ces cinq N.^{os} sont de petits médaillons qui faisoient autrefois partie d'un grand tableau peint par Cimabué.

Hauteur de chacun des tableaux,
74 millim. (2 pouces 9 lignes.)
Largeur, 74 millim. (2 pouces 9 lignes.)

51. Portrait de saint Cyprien, avec ces lettres : *Ecce imago dni. Cyp.* La tête a une expression singulière;

elle est de la meilleure manière de Cimabué.

Hauteur, 176 millim. (6 pouces 6 lignes.)
Largeur, 176 millim. (6 pouces 6 lignes.)

52. Un saint Jean avec une croix rouge; de sa main gauche, il tient un rouleau sur lequel on lit : *Ecce agnus dei ecce.*

La lettre E du premier mot, est peinte en rouge, les autres sont peintes en noir.

Hauteur, 244 millim. (9 pouces.)
Largeur, 221 millim. (8 pouces 2 lignes.)

53. Crucifiement et couronnement de la Vierge. Diptique. Le crucifiement est sur le volet droit, le couronnement est sur le volet gauche. A côté de J. C. qui couronne la Vierge, sont quatre saints, deux saintes, et deux anges qui sonnent de la trompette.

Hauteur, 460 millim. (1 pied 5 pouces.)
Largeur, les deux volets ouverts,
514 millim. (1 pied 7 pouces.)

54. Ange qui embrasse une colonne; il montre trois dés : sur le premier, on voit le nombre cinq; sur le second, le nombre un; sur le troisième, le nombre trois.

Hauteur, 406 millim. (1 pied 3 pouces.)
Largeur, 270 millim. (10 pouces.)

55. Saint-Antoine tenant un bâton. Autour de son auréole est écrit : *Sanctus Antognius.........*

Hauteur, 541 millim. (1 pied 8 pouces.)
Largeur, 329 millim. (1 pied 2 lignes.)

DIODATO DA LUCCA, *qui florissoit en* 1288.

56. Vierge tenant l'enfant Jésus dans ses bras. Tabernacle.

Le tableau du milieu représente la Vierge et son fils entre une sainte et saint Jean. Celui-ci tient un rouleau sur lequel on lit : *Ecce agnus dei, ecce qui tolli....* Plus bas l'annonciation; au-dessus, dans la partie la plus élevée, N. S. donnant la bénédiction.

Sur le volet gauche, le crucifiement, Marie, et trois saintes femmes.

Sur le volet droit, en haut, saint François recevant les stigmates, en bas le *volto santo de Lucques*, image très-vénérée dans cette ville.

Hauteur, 406 millim. (1 pied 3 pouces.)
Largeur, les deux volets ouverts,
514 millim. (1 pied 7 pouces.)

QUATORZIÈME SIÈCLE.

G<small>IOTTO</small>, *né en 1276, mort en 1336, élève de Cimabué.*

57. L<small>A</small> Justice, devant laquelle une foule de soldats florentins prêtent serment de fidélité. Elle porte des ailes, et est debout sur une boule ; de la main droite, elle tient son glaive, de la gauche, un Amour qui lance une flèche. La boule pose sur

des traverses de bois qui paroissent un instrument de supplice. On distingue vingt-trois têtes de guerriers; plusieurs sont à cheval.

Au milieu du tableau, au-dessous de la Justice, est attaché un criminel, à moitié nu, qui semble attendre la mort. Dans le fond, la vue des montagnes qui entourent Florence, avec la même couleur locale qu'elles ont encore. Sur le premier plan, plusieurs animaux, qu'on croit être un renard, un chien et un cochon.

Le cadre est aussi ancien que le tableau dont il fait partie. Autour du cadre, dans la partie extérieure, on a peint douze plumes, trois noires, trois blanches, trois rouges et trois jaunes. Derrière le cadre, les mêmes plumes sont peintes plus en grand; sur la gauche, sont les boules, armes des Médicis.

Ce tableau a été évidemment composé par Giotto, pour rappeler un événement de l'histoire florentine.

Hauteur, 623 millim. (1 pied 11 pouces.)
Largeur, 623 millim. (1 pied 11 pouces.)

58. Jésus-Christ sur la croix; Marie, deux saints, une sainte. Au-dessus, dans le même cadre, un père éternel qui donne la bénédiction.

Hauteur, 514 millim. (1 pied 7 pouces.)
Largeur, 299 millim. (11 pouces.)

SIMON MEMMI, *de Sienne, né en* 1284, *mort en* 1344.

59. Un Christ, trois figures. Au haut de la croix, *ins.*

Ce tableau est sur toile collée sur bois, et se termine en angle.

Hauteur, 290 millim. (10 pouces 9 lignes.)
Largeur, 190 millim. (7 pouces.)

60. Couronnement de Marie et supplice de sainte Catherine, fille de Cestius d'Alexandrie.

Ce tableau en contient quatorze en un seul.

Ils représentent, pour la plupart, des saints avec leurs attributs. Les saints sont séparés entr'eux par une colonne torse en relief et dorée.

Cette composition avoit été mise à part pour faire partie de la collection des gravures de l'*Etruria Pittrice;* mais un autre travail de Simon Memmi, moins compliqué, a eu la préférence.

Hauteur, 600 millim. (1 pied 10 pouces 3 lig.)
Largeur, 498 millim. (1 pied 6 pouces 5 lig.)

BUFFALMACCO, *qui florissoit en* 1351.

61. Tabernacle. Dans le tableau du milieu, la Vierge tenant son fils dans ses bras. Saint Jean, saint Antoine, deux anges.

Le volet gauche représente, en haut, l'ange Gabriel, et en bas, saint Paul et un évêque.

Le volet droit représente, en

haut, la Vierge annoncée, et en bas, saint Pierre et un évangéliste.

Hauteur, 541 millim. (1 pied 8 pouces.)

Largeur, les volets ouverts, 514 millim. (1 pied 7 pouces.)

62. Tabernacle. Dans le tableau du milieu, la Vierge assise, tenant l'enfant Jésus. Saint Paul, saint Antoine, un saint et une sainte.

Sur le volet gauche, en haut, l'ange qui annonce; en bas, saint Jean-Baptiste, un saint et une sainte.

Sur le volet droit, en haut, la Vierge annoncée; en bas, Jésus-Christ sur la croix. Marie, deux saintes femmes.

Hauteur, 433 millim. (1 pied 4 pouces.)

Largeur, les volets ouverts, 453 millim. (1 pied 4 pouces 9 lig.)

63. Saint Dominique, un lys dans la main droite, et un livre rouge dans la main gauche.

Hauteur, 704 millim. (2 pieds 5 pouces.)

Largeur, 379 millim. (1 pied 2 pouces.)

64. Trois moines couronnés, regardant à droite.

65. Trois moines couronnés, regardant à gauche.

 Ces deux compositions font partie d'un ornement d'autel qui a été dépecé.

 Chaque numéro a de

Hauteur, 228 millim. (8 pouces 5 lignes.)
Largeur, 92 millim. (3 pouces 5 lignes.)

66. Moitié de diptique. Jésus sur la croix. Six anges en l'air, les saintes femmes soutenant Marie évanouie. Huit autres figures.

Hauteur, 365 millim. (1 pied 1 pouce 6 lignes)
Largeur, 250 millim. (9 pouces 3 lignes.)

67. Trois saints.

Hauteur, 302 millim. (11 pouces 2 lignes.)
Largeur, 293 millim. (10 pouces 10 lignes.)

68. Saint Dominique et une sainte.

Hauteur, 262 millim. (9 pouces 8 lignes.)
Largeur, 190 millim. (7 pouces.)

69. Saint Jean et une sainte tenant une palme.

Hauteur, 238 millim. (9 pouces 2 lignes.)
Largeur, 216 millim. (8 pouces.)

SPINELLO ARETINO, *né en 1308, mort en 1400, à 92 ans, écolier de Jacques de Casentino.*

70. Annonciation et adoration des Mages. Ces deux scènes sont séparées. Caisson.

Hauteur, 487 millim. (1 pied 6 pouces.)
Largeur, 285 millim. (10 pouces 6 lignes.)

PIERRE LAURATI, *qui travailloit à Sienne, de 1327 à 1342, et hors de Sienne, jusqu'en 1355.*

71. La trahison de Judas. Caisson.

Cette composition renferme plus de vingt figures. Judas embrasse J. C. et le montre aux soldats. Saint Pierre se penche vers Malchus dont il vient de couper l'oreille.

Hauteur, 352 millim. (1 pied 1 pouce.)
Largeur, 308 millim. (11 pouces 5 lignes.)

72. Saint Bernardin de Sienne.

Hauteur, 297 millim. (11 pouces.)
Largeur, 196 millim. (7 pouces 3 lignes.)

73. Sainte Catherine d'Alexandrie.

Quatre figures en prières.

Hauteur, 818 millim. (11 pouces 9 lignes)
Largeur, 194 millim. (7 pouces 2 lignes.)

74. Mystères de la religion chrétienne.
Dix tableaux réunis en un seul.

L'annonciation. La naissance de J. C. Adoration des Mages, J. C. instruisant dans le temple. La Cène. J. C. en prières. La trahison de Judas, en bas du tableau; au milieu, J. C. sur la croix; à gauche, dans la neuvième séparation, trois saints; à droite, saint Christophe, une sainte et un évêque.

Ce tableau se termine en angle aigu.

Hauteur, 975 millim. (3 pieds.)
Largeur, 595 millim. (1 pied 10 pouces.)

TADDEO GADDI, *né en* 1300, *et qui vivoit encore en* 1352.

75. Saint Jérôme, saint Dominique, saint François d'Assise.

<small>Hauteur, 392 millim. (1 pied 2 pouces 6 lig.)
Largeur, 257 millim. (9 pouces 6 lignes.)</small>

76. Saint Placide, saint Benoît, saint Maur. Une religieuse couronnée, à genoux. Cette religieuse paroit être la donataire. Saint Benoît tient un livre sur lequel on lit :

AVSCVLTATE OEI III PSALM. IX.

<small>Hauteur, 454 millim. (1 pied 4 pouces 9 lig.)
Largeur, 325 millim. (1 pied.)</small>

77. Jésus sur la croix. Marie évanouie. Six femmes. Autres figures. Un des gardes peint en or, à l'armure des chevaliers du temps où vivoit le maître. Les gardes se partagent la robe de J. C. Caisson petit et long.

<small>Hauteur, 541 millim. (1 pied 8 pouces.)
Largeur, 210 millim. (7 pouces 9 lignes.)</small>

Dom Lorenzo Camaldolese, *mort à 55 ans, élève de Taddeo Gaddi.*

78. Volet gauche d'un tabernacle.

En haut, l'ange qui annonce; en bas, saint Antoine et deux saintes femmes.

79. Volet droit du même tabernacle.

En haut, la Vierge annoncée; en bas, Jésus-Christ sur la croix. Marie, deux saintes femmes, dont une est à genoux. Chaque volet a de

Hauteur, 487 millim. (1 pied 6 pouces.)
Largeur, 108 millim. (4 pouces.)

Thomas di Stefano dit il giottino, *né en 1324, mort en 1356.*

80. Tabernacle. Dans le tableau du milieu :

En haut, N. S. donnant la bénédiction; plus bas, la Vierge assise avec l'enfant Jésus sur ses genoux. L'enfant tient dans sa main un chardonneret. A droite et à gauche, huit saints et quatre saintes.

Sur le volet gauche, l'ange Gabriel. Il tient un rouleau sur lequel on lit : RIA GRATIA PLENA DOMINUS.

Au-dessous, naissance de J. C. Saint-Joseph, la tête d'un bœuf. Un ange qui vole vers une figure de saint François.

Plus bas, saint Christophe traversant le Jourdain, en portant J. C. sur ses épaules.

Sur le volet droit, la Vierge annoncée. Jésus-Christ sur la croix. Deux anges dont un recueille le sang des blessures de J. C. Marie, deux saintes femmes, dont une vêtue de rouge, embrasse la croix.

Hauteur, 617 millim. (1 pied 10 pouces 10 lig.)
Largeur, les deux volets ouverts, 581 millim. (1 pied 9 pouces 6 lig.)

81. Christ sur la croix. Marie, trois saintes femmes. Saint Jean, saint François. Deux anges, dont un re-

cueille le sang qui sort du côté de Jésus-Christ.

Hauteur, 514 millim. (1 pied 7 pouces.)
Largeur, 295 millim. (10 pouces 11 lignes.)

82. Un évêque tenant un livre et une plume.

Hauteur, 162 millim. (6 pouces.)
Largeur, 185 millim. (6 pouces 10 lignes.)

83. Une sainte, palme en main.

Hauteur, 185 millim. (6 pouces 10 lignes.)
Largeur, 148 millim. (5 pouces 6 lignes.)

84. Saint François stigmatisé; près de lui, un religieux de son ordre, tenant un livre.

Hauteur, 162 millim. (6 pouces.)
Largeur, 128 millim. (4 pouces 9 lignes.)

85. Un saint père habillé en rouge, tenant d'une main une crosse, et de l'autre une palme.

Hauteur, 465 millim. (1 pied 5 pouces 2 lig.)
Largeur, 160 millim. (5 pouces 11 lign.)

86. Religieuse tenant un livre et une croix rouge.

Hauteur, 433 millim. (1 pied 4 pouces.)
Largeur, 130 millim. (4 pouces 10 lignes.)

77. Saint portant sur la tête une couronne royale.

Hauteur, 196 millim. (7 pouces 3 lignes.)
Largeur, 117 millim. (4 pouces 4 lignes.)

88. Vierge annoncée.
89. Ange qui annonce.

Ces deux tableaux ont chacun de

Hauteur, 128 millim. (4 pouces 9 lignes.)
Largeur, 88 millim. (3 pouces 3 lignes.)

90. Femme tenant un instrument de martyre et un livre.

Hauteur, 108 millim. (4 pouces.)
Largeur, 108 millim. (4 pouces.)

91. Saint Antoine tenant un livre et son bâton.
92. Saint Dominique tenant un livre.

Ces deux tableaux en triangle ont de

Hauteur, 297 millim. (11 pouces.)
Largeur, 244 millim. (9 pouces.)

ANTONIO VENEZIANO, *mort vers* 1383.

93. Trois tableaux en un seul.

Entrée de J.-C. dans Jérusalem.

La cène des douze Apôtres.

Jésus-Christ en prière dans le jardin des oliviers.

Hauteur, 352 millim. (1 pied 1 pouce.)
Largeur, 848 millim. (2 pieds 7 pouces 8 lig.)

94. Adoration des Mages. La Vierge, l'enfant Jésus, Saint Joseph. Un Mage à genoux. Deux Mages debout offrant des présens.

Hauteur, 322 millim. (11 pouces 11 lignes.)
Largeur, 265 millim. (9 pouces 10 lignes.)

ANDRÉ ORCAGNA, *mort en* 1389, *âgé de* 60 *ans.*

95. Caisson. Un roi vaincu est aux pieds d'un prince vainqueur qui lui tend la main. A droite, un combat très-animé. A gauche, des tentes, et la famille du prince qui est à genoux. Les costumes sont ceux des Grecs du huitième siècle.

On remarque un homme à cheval, habillé comme l'ont été, depuis, les cardinaux. Son cheval est caché sous un caparaçon qui le couvre presque tout entier. Le cheval est vu en raccourci.

Hauteur, 406 millim. (1 pied 3 pouces.)
Largeur, 1,462 millim. (4 pieds 6 pouces.)

96. Portrait du Dante.

Le poète est représenté la tête couverte d'une draperie rouge, et ornée d'une couronne de laurier. Le costume est le même que dans le portrait du Dante, peint par Orcagna, et qu'on voit à Florence, dans l'église cathédrale.

Hauteur, 588 millim. (1 pied 9 pouces 9 lig.)
Largeur, 565 millim. (1 pied 5 pouces 2 lig.)

97. Portrait de Farinata degli Uberti, l'un des chefs de la faction des Gibelins.

Hauteur, 568 millim. (1 pied 9 pouces.)
Largeur, 433 millim. (1 pied 4 pouces.)

98. Caisson. L'histoire de Lucrèce en trois tableaux, qui se trouvent sous

les, n.ᵒˢ 98, 99 et 100. Le nᵒ. 98, présente seul plusieurs scènes différentes. A droite du tableau, Sextus Tarquin passe à cheval, avec des gardes, au moment ou Lucrèce sort de sa maison, accompagnée d'une femme qui la suit à quelque distance.

Sur le cheval de Sextus, on lit ces mots : (sic) Sto To; qui signifient, *Sesto Tarquinio*. Sur la marche du perron, où se trouve encore Lucrèce, on lit : LVCHRETIA. Un peu plus loin, Brutus et Collatin parlent ensemble.

A gauche du tableau, Sextus vient faire une visite à Lucrèce; au-dessous de Sextus est écrit : Sesto, To.

Au second plan, Sextus suivi d'un nègre qui porte sur ses épaules une longue épée, monte un escalier conduisant à une galerie. Lucrèce vient au-devant de lui. Plus loin, à travers une fenêtre, on distingue Sextus et Lucrèce à table. Enfin au troisième plan, à travers une autre fenêtre, on voit Lucrèce couchée, et Sextus la menaçant avec la longue épée que portoit son esclave ; à côté de Sextus est écrit : Sto; à côté de Lucrèce, lv-a.

Hauteur, 406 millim. (1 pied 3 pouces.)
Largeur, 706 millim. (2 pieds 2 pouces 1 ligne.)

99. Suite de l'histoire précédente.

Brutus et Collatin sont à table.

Lucrèce entre à droite, saisit un couteau et se perce le cœur. Vues d'architecture bien entendues. Costumes grecs du huitième siècle.

Hauteur, 406 millim. (1 pied 3 pouces.)
Largeur, 568 millim. (1 pied 9 pouces)

100. Suite de l'histoire précédente.

Lucrèce morte est étendue sur un lit. Près d'elle est écrit : lu-hretia. Plus loin, Brutus, à côté duquel est écrit : BRUTO, et dix autres figures.

A droite du tableau, sous un portique séparé, peuple et gardes.

Ce morceau a des vues d'architecture très-justes.

Hauteur, 406 millim. (1 pied 3 pouces.)
Largeur, 706 millim. (2 pieds 2 pouces 1 lig.)

Ces trois tableaux sont sur toile collée sur bois.

Ange Pucci, *qui florissoit en 1350.*

101. Vierge qui allaite son fils; au-dessus, un père éternel dans un cadre rond, séparé : fond d'or sur bois. La Vierge a une draperie couleur d'azur; au bas est écrit sur deux lignes :

Atenpus dnus Angnolus Puccius pinxit hoc opus, anno dni MCCCL. a di x d'aprile.

Cette inscription, moitié latine, moitié italienne, nous fait connoître un auteur dont aucun ouvrage n'a encore parlé. Ce tableau est meilleur, en général, qu'une partie de ceux qui précèdent, quoique pleins de ce que les Italiens appellent *grecismo*. Ange Pucci est peut-être Puccio Capanna, Florentin, ou Puccio d'Agubbio, qui, suivant Vasari et le père della Valle, vivoient dans ce temps; le premier artiste florissoit en 1321; le second, en 1334.

L'ouvrage de Lanzi, sur les peintres italiens, qui est une de mes principales autorités, ne parle pas d'Ange Pucci.

Ce tableau se termine en angle aigu.

Hauteur, 1,435 millim. (4 pieds 5 pouces.)
Largeur,   528 millim. (1 pied 7 pouces 6 lig.)

STARNINA, *né en* 1354, *mort en* 1403.

102. Caisson. Jésus descendu de la croix.
Marie, trois saintes femmes, deux

saints, un évêque, Joseph d'Arimathie, une autre figure.

Hauteur, 365 millim. (1 pied 1 pouce 6 lignes.
Largeur, 20,7 millim. (11 pouces 6 lignes.)

103. Mariage de la Vierge et de Joseph. Petit caisson sur bois. Ce devoit être la partie antérieure du coffre.

Le Grand-Prêtre unit les deux époux ; à droite, quatorze femmes paroissent accompagner la Vierge ; à gauche, même nombre d'hommes. Celui de ces derniers qui est plus près de Joseph, tient la main en l'air ; derrière lui un autre brise des bâtons, usage reçu aux mariages de ce temps.

La Vierge donne la main droite à saint Joseph, et porte la gauche au-dessous du sein.

Ce petit caisson est très-remarquable. Il semble avoir donné, depuis, à André del Sarto, l'idée de la fresque qu'il a peinte à droite, sous la galerie qui précède l'église de l'Annonciade, à Florence. Les personnages sont groupés de même. Les trois idées principales ont été conservées. La Vierge est placée du même côté ; derrière saint Joseph, le même homme tient la main en l'air ; un autre brise les bâtons.

Hauteur, 197 millim. (7 pouces.)
Largeur, 488 millim. (1 pied 6 pouces.)

104. Martyre de Saint Laurent ; un bourreau attise le charbon, un autre en apporte une corbeille toute remplie, qu'il va jeter dans le brasier.

Hauteur, 270 millim. (10 pouces.)
Largeur, 352 millim. (1 pied 1 pouce.)

105. Jésus-Christ baptisé par saint Jean. Deux saintes femmes.

Ce tableau a la même hauteur et la même largeur que le précédent.

Ecole de Sturnina.

106. Vierge à genoux, son fils couché. Saint Jean.

Tableau cintré du haut.

Hauteur, 650 millim. (2 pieds.)
Largeur, 356 millim. (1 pied 1 pouce 2 lignes.)

Dello, *Florentin, mort vers 1421, âgé de 49 ans.*

107. Fait historique tiré de Bocace.

Pendant une peste qui faisoit de grands ravages en Toscane, on s'étoit retiré dans les campagnes où la maladie n'avoit pas pénétré, et pour se distraire, on passoit sa vie dans les plaisirs, autant qu'il étoit possible de s'y livrer. Le soir on se réunissoit pour raconter des histoires merveilleuses; celui qui racontoit la plus belle étoit couronné comme roi de la soirée.

Deux personnes à genoux, au milieu du tableau, vont être couronnées ; à droite, un enfant apprend à un chien à se tenir droit; à gauche, trois enfans jouent au jeu italien, appelé la *morra*. Caisson assez grand.

Hauteur, 541 millim. (1 pied 8 pouces.)
Largeur, 1,218 millim. (3 pieds 9 pouces.)

108. Judith.

Elle revient du camp avec la tête d'Holopherne à la main, suivie de sa servante et d'un petit chien; à droite, les assiégés qui ont fait une sortie, repoussent les soldats d'Holopherne; à gauche, d'autres soldats viennent au-devant de Judith. Caisson de la hauteur et de la largeur du précédent.

109. Jésus portant sa croix; un garde précède J. C.; un autre empêche Marie et deux saintes femmes de les suivre.

110. Jésus à la colonne où il est battu avec des cordes.

Ce tableau et le précédent sont deux caissons qui ont de

Hauteur, 528 millim. (1 pied 7 pouces 6 lignes.)
Largeur, 266 millim. (9 pouces 10 lignes.)

111. Triomphe de Jules César; il est porté en triomphe sur un char; à droite, sur un fond d'architecture, est écrit : *Roma.* Le sénat romain, en habits florentins du temps où vivoit l'auteur, vient au-devant de Jules-César; au dessous du triomphateur, est écrit : *Cesari Giulio;* il tient à la main un sceptre surmonté d'une aigle.

Ce tableau a plus de trente-cinq figures. Caisson.

Hauteur, 400 millim. (1 pied 2 pouces 9 lig.)
Largeur, 1,345 millim. (4 pieds 9 pouces 1 lig.)

MASOLINO DA PANICALE, *né en* 1377, *mort en* 1415, *maître de Masaccio.*

112. Vierge avec son enfant dans ses bras. L'enfant tient dans sa main droite la moitié d'une grenade.

Ce tableau est de la première manière de Masolino.

Hauteur, 615 millim. (1 pied 10 pouces 9 lig.)
Largeur, 352 millim. (1 pied 1 pouce.)

113. Vierge, son fils dans ses bras. Dans le fond, des arbres, une tour.

Ce tableau est d'une composition très-ingénieuse.

Hauteur, 704 millim. (2 pieds 3 pouces.)
Largeur, 528 millim. (1 pied 7 pouces 6 lig.)

QUINZIÈME SIÈCLE.

MASACCIO, *né en 1401, mort en 1443.*

114. SAINT Jérôme habillé en cardinal.

Hauteur, 742 millim. (2 pieds 3 pouces 5 lig.)
Largeur, 485 millim. (1 pied 5 pouces 11 lig.)

115. Tête de jeune homme.

Hauteur, 433 millim. (1 pied 4 pouces.)
Largeur, 325 millim. (1 pied.)

AUTEUR GREC *inconnu, qui travailloit en Toscane, au commencement du quinzième siècle; son style est un mélange du style grec, et du style florentin de ce temps.*

116. Saint Luc ; fond d'or.
117. Saint Pierre, *id.*
118. Saint Philippe, *id.*
119. Saint Jean, *id.*
120. Saint Jacques, *id.*

Ces cinq n^os. ont chacun de

<small>Hauteur, 290 millim. (10 pouces 9 lignes.)
Largeur, 216 millim. (8 pouces.)</small>

LAURENT DI BICCI, *mort vers* 1450.

121. Cinq têtes de saints. Tableau sur toile collée sur bois.

<small>Hauteur, 487 millim. (1 pied 6 pouces.)
Largeur, 230 millim. (8 pouces 6 lignes.)</small>

PAUL UCCELLO, *né en* 1389, *mort en* 1472.

122. Saints martyrisés. Caisson ; à droite, deux vieillards paroissent juger les saints que l'on crucifie à l'instant ; au-dessus des croix, on voit les ames des crucifiés qui s'envolent.

<small>Hauteur, 277 millim. (10 pouces 3 lignes.)
Largeur, 415 millim. (1 pied 3 pouces 4 lignes.)</small>

123. Caisson. Plusieurs figures aux enfers, dans des chaudières; à droite, l'ange Gabriel, avec une balance. Un saint vient retirer de l'enfer une figure après laquelle court un diable qui a des ailes rouges.

Hauteur, 310 millim. (11 pouces 4 lignes.)
Largeur, 832 millim. (2 pieds 6 pouces 9 lignes.)

124. Plateau sur lequel on offroit des présens aux femmes accouchées; il représente sainte Elisabeth, au moment où elle vient de mettre au jour saint Jean-Baptiste. Elle est entourée de quatre femmes; sur le devant, l'enfant dans les bras d'une servante; un autre fait des signes à l'enfant, pour apaiser ses cris; une troisième pince d'une espèce de guitare pour le réjouir.

Au bas du tableau est écrit : (*sic*)

Questo si fe a di xxv d'aprile, nel mille quatro cento ventotto.

Derrière le tableau, sur toile collée sur bois, est un enfant dans un bosquet d'orangers. Autour est écrit : (*sic*)

Faccia iddio sana ogni donna che figlia è padri loro.... a loro .... sia sensa noia o richdia isono un banbolin gesu di moro fo la piscia darjento è doro.

L'enfant tient à la main un joujou du temps; à droite et à gauche, les armes de deux familles distinguées de Florence. Tableau octogone.

<small>Hauteur, 595 millim. (1 pied 10 pouces.)
Largeur, 595 millim. (1 pied 10 pouces.)</small>

125. Jésus-Christ embrassant sa mère. Cinq autres figures. Caisson.

<small>Hauteur, 279 millim. (10 pouces 4 lignes.)
Largeur, 420 millim. (1 pied 3 pouces 6 lignes.)</small>

FRA ANGELICO, *né en* 1387, *mort en* 1455.

126. Résurrection. Les trois Maries peintes sur parchemin. Un ange

dont la figure et les mains sont rouges.

<small>Hauteur, 146 millim. (5 pouces 5 lignes.)
Largeur, 144 millim. (5 pouces 4 lignes.)</small>

127. Quatre anges posés sur la pointe du pied, et soutenus par des espèces de nuages. Ils sont vêtus d'un pantalon très-large.

<small>Hauteur, 279 millim. (10 pouces 4 lignes.)
Largeur, 188 millim. (6 pouces 10 lignes.)</small>

ANDRÉ DEL CASTAGNO, *né en* 1403, *mort vers* 1477.

128. Jésus dans le jardin. Esquisse d'un grand tableau.

<small>Hauteur, 88 millim. (3 pouces 6 lignes.)
Largeur, 88 millim. (3 pouces 6 lignes.)</small>

ALEXIS BALDOVINETTI, *né en* 1425, *mort en* 1499.

129. Saint Dominique et saint François. Ils sont chacun accompagnés de deux frères de leur ordre.

Perspective d'un effet excellent.

<small>Hauteur, 257 millim. (9 pouces 6 lignes.)
Largeur, 270 millim. (10 pouces.)</small>

130. Un évêque avec des gants rouges. On croit que c'est saint Zanobi, ancien évêque de Florence.

Hauteur, 203 millim. (7 pouces 6 lignes.)
Largeur, 176 millim. (6 pouces 6 lignes.)

131. Un saint Père qui lit.

Hauteur, 142 millim. (5 pouces 3 lignes.)
Largeur, 142 millim. (5 pouces 3 lignes.)

132. Saint Dominique, un lys en main. Il tient un livre sur lequel on lit: *Charitatem habete, humilitatem serva......* etc.

Hauteur, 212 millim. (7 pouces 10 lignes.)
Largeur, 148 millim. (5 pouces 6 lignes.)

PESELLINO PESELLI, *né en* 1426, *mort en* 1457.

133. Histoire de Joseph, première partie. Cinq scènes différentes. Il reçoit la bénédiction de son père. Il est vendu par ses frères à des marchands Ismaélites. Il fuit la femme de Putiphar. Il explique le songe

des Grands-Officiers de Pharaon. Il explique le songe de ce prince.

134. Deuxième partie de la même histoire. Cinq autres scènes distinctes. Il se fait reconnoître par ses frères. Il leur fait distribuer des grains. Il les congédie chargés de présens. Il ordonne que l'on cache une coupe d'or dans le sac de Benjamin. On ramène Benjamin. A droite du tableau, toute la partie antérieure d'une giraffe bien dessinée.

Ce tableau et le précédent sont deux caissons très-estimés. Ils ont tous deux de

Hauteur, 458 millim. (1 pied 4 pouces 11 lig.
Largeur, 1,677 millim. (5 pieds 1 pouce 10 lig.)

École de Mantegna, qui florissoit en 1480.

135. Plateau représentant Diane au bain.

Hauteur, 514 millim. (1 pied 7 pouces.)
Largeur, 643 millim. (1 pied 11 pouces 10 lig.)

Sandro Botticelli, *né en 1437, mort en 1515.*

136. Jésus-Christ sur la croix, au milieu de deux voleurs. Les gardes se partagent la robe de J.-C. Un de ces gardes vu par-derrière, est d'un effet très-beau.

Hauteur, 334 millim. (1 pied 4 lignes.)
Largeur, 248 millim. (9 pouces 4 lignes.)

137. Christ sur la croix. Marie et une sainte femme.

Hauteur, 297 millim. (11 pouces.)
Largeur, 244 millim. (9 pouces.)

138. Jésus sur la croix. Deux Anges en adoration. Un garde à cheval. Marie ; trois saintes femmes, dont une à genoux. Saint François d'Assise, à genoux. Un Saint; deux Evêques.

Hauteur, 597 millim. (1 pied 2 pouces 8 lignes.)
Largeur, 282 millim. (10 pouces 5 lignes.)

Pierre di Cosimo, *né en* 1441, *mort en* 1521.

139. Vierge tenant l'Enfant-Jésus. Quatre Saintes, deux Anges.

140. Résurrection, Saints, Anges; plus bas, le Purgatoire, où sont des ames qui prient, et l'enfer, où on distingue des ames couvertes de sang, poursuivies par des diables. Ces deux numéros ont de

Hauteur, 310 millim. (11 pouces 6 lignes.)
Largeur, 210 millim. (7 pouces 9 lignes.)

David Ghirlandajo, *né en* 1451, *mort en* 1525.

141. Vierge à genoux; Jésus, un Ange.

Hauteur, 514 millim. (1 pied 7 pouces.)
Largeur, 358 millim. (1 pied 1 pouce 3 lignes.)

142. Vierge assise, tenant sur ses genoux l'Enfant-Jésus, à qui deux Anges offrent des cerises.

Hauteur, 852 millim. (2 pieds 7 pouces 6 lig.)
Largeur, 852 millim. (2 pieds 7 pouces 6 lig.)

143. Vierge, l'Enfant-Jésus. Dans le fond, une cheminée où est un brasier allumé. Sur le devant, un chardonneret et la moitié d'un citron.

<small>Hauteur, 590 millim. (1 pied 9 pouces 10 lig.)
Largeur, 424 millim. (1 pied 3 pouces 8 lig.)</small>

144. Vierge, son fils, saint Jean. Tableau cintré du haut.

<small>Hauteur, 712 millim. (2 pieds 2 pouces 4 lig.)
Largeur, 374 millim. (1 pied 1 pouce 10 lig.)</small>

145. Vierge, son fils qui tient un chardonneret dans sa main, saint Jean, un Ange.

<small>Hauteur, 650 millim. (2 pieds.)
Largeur, 493 millim. (1 pied 6 pouces 3 lig.)</small>

DOMINIQUE GHIRLANDAJO, *né en 1451, mort en 1495, frère du précédent.*

146. Jésus sur la croix, Marie, quatre autres figures; paysage.

<small>Hauteur, 791 millim. (2 pieds 5 pouces 3 lig.)
Largeur, 914 millim. (2 pieds 9 pouces 9 lig.)</small>

Ecole de Frà Bartolomeo, *qui florissoit en* 1495.

147. Saint Jean l'Evangéliste.
148. La Vierge.
149. Jésus mort.

 Ces trois tableaux ont de

Hauteur, 476 millim. (2 pouces 10 lignes.)
Largeur, 476 millim. (2 pouces 10 lignes.)

Pierre Vannucci, *dit le* Pérugin, *né en* 1446, *mort en* 1524.

150. Notre-Dame, Jésus, saint Jean; l'Enfant-Jésus prend une croix que lui présente saint Jean : à la gauche de la Vierge est un livre rouge.

 Ce tableau vient d'une galerie très-ancienne de Florence. Il est difficile de se procurer des tableaux de ce maître.

Hauteur, 933 millim. (2 pieds 10 pouces 6 lig.)
Largeur, 690 millim. (2 pieds 1 pouce 6 lig.)

J'ai tracé le plus rapidement que j'ai pu, l'explication des tableaux de cette collection.

Je désire que mes réflexions puissent être utiles.

Je n'ai pas parlé de quelques miniatures qui étoient peintes sur des manuscrits de siècles antérieurs à celui de Raphaël. Je n'en crois pas moins qu'elles doivent faire partie de la collection que j'ai entreprise. L'Italie et l'Empire grec étoient remplis de ces manuscrits avant et après les persécutions des brise-images. Cependant on n'en connoît pas de très-anciens, ou du moins, bien des savans italiens, par une circonspection très-louable, n'attribuent pas ces peintures à des siècles très-éloignés. Ces savans se fondent sur les raisons que je vais développer. En examinant avec l'attention la plus sévère la forme des lettres dont se composent ces manuscrits, on remarque

que les miniatures ne se trouvent presque toujours que sur des ouvrages d'une écriture connue pour être celle des treizième et quatorzième siècles. J'en ai plusieurs de cette sorte, que je me déterminerai à ajouter à la collection : elles ne présentent pas d'ailleurs le travail sec du douzième, et n'ont pas ces couleurs moresques et enfumées des premiers temps; mais elles montrent déjà les progrès qu'on avoit faits à Sienne, à Venise, sous Cimabué, et après le Giotto, sans toutefois être en rien conformes aux règles de la perspective, qui y sont violées à chaque coup de pinceau.

Elles prouvent aussi, par mille ressemblances aisées à apercevoir, que les Grecs d'alors avoient avec les Chinois des relations de commerce, qui avoient établi chez les deux nations, et par suite chez les Italiens, la plus exacte similitude dans la manière de peindre, de fondre les nuances, et même quelquefois d'habiller les figures.

J'ai cherché à recueillir sur ce point, et sur tout ce qui concerne la peinture ancienne, des observations nouvelles propres à donner une idée plus précise de l'état des arts, dans l'antiquité, et à l'époque qui a précédé la renaissance; j'ai appris, avec beaucoup de satisfaction, que M. Paillot de Montabert s'occupoit à Paris de recherches semblables aux miennes, et qu'il désiroit me donner communication d'un ouvrage assez étendu sur la peinture, qu'il a composé, après un long voyage en Italie. M. de Montabert paroit, dans cet ouvrage, plein d'enthousiasme pour les arts. Il a connu à Rome le célèbre M. d'Agincourt, dont il a écouté avec fruit les sages leçons. Sans doute M. d'Agincourt n'adopte pas toutes les suppositions que M. de Montabert ose présenter; mais on doit savoir gré à ce dernier de son zèle, de ses excellentes intentions, et peut-être même de sa sainte colère. Il m'a autorisé à offrir quelques citations de son ouvrage, et je vais transcrire un extrait du chapitre intitulé : *De la partie matérielle de la Peinture chez les Anciens et chez les Modernes.*

« Si l'art n'a point péri, si la chaîne qui lie l'époque où nous vivons aux beaux temps d'Apelles, n'a point été interrompue, à quoi doivent tendre les efforts des modernes, si ce n'est à la recherche des sources pures de l'art de la peinture dans l'antiquité? Mais, convenons-en, malgré les travaux entrepris par quelques hommes célèbres, pour retrouver les grandes parties de l'art des Grecs, on n'a jamais considéré le matériel de la peinture comme devant ajouter beaucoup à sa perfection.

« L'insouciance des modernes sur ce point paroît d'abord inexplicable; car si le but de l'art est, en imitant par son langage les beautés de la nature, d'émouvoir et de toucher l'ame, qui doutera que ce langage ne doive réunir la clarté à la vivacité, et représenter les couleurs de la nature avec tous leurs charmes?......

« J'expliquerai ailleurs comment les qualités essentielles à la science du coloris, sont inséparables des qualités matérielles qu'on retrouve dans la peinture ancienne, et dont est privée celle de nos jours. ».

On voit déjà que M. de Montabert ne nous trouve pas suffisamment instruits de ce qu'étoient les grandes parties de l'art chez les Grecs. Il présente ensuite des questions très-importantes dans le chapitre : *Sur le Matériel de la Peinture chez les Egyptiens et quelques autres Peuples*. Je vais le laisser parler lui-même :

« Les Egyptiens étoient assez versés

dans la connoissance des sciences naturelles, pour avoir compris toutes les meilleures combinaisons de la peinture matérielle. Afin de parvenir à connoître ces combinaisons, il n'étoit pas nécessaire qu'ils se livrassent à d'autres travaux chimiques que ceux qui les avoient aidés à perfectionner leur teinture si recherchée dans l'antiquité. L'usage des gommes, des résines, des gommo-résineux devoit leur être familier. Ils ont eu des liquides spiritueux pour les dissoudre. Les bandelettes des momies étoient trempées dans des solutions d'asphalte ou bitume de Judée. Ils ont employé la cire dans leurs compositions. Nous ne pouvons combattre l'opinion d'une foule de voyageurs, qui ont remarqué la fraîcheur et la conservation de leurs peintures. Mais si ces remarques sont fréquentes, et applicables à un grand nombre de peintures dans tant de contrées de l'ancien monde, il est bien douloureux qu'il ne nous soit parvenu aucune tradition sur l'emploi et la pratique de ces matières.

« On peut en dire autant des Chinois; ils ont dû suivre, dans leur peinture précieuse, les raisonnemens usuels qui les guidoient pour leurs vases peints et leurs porcelaines. Dans la Perse, au Thibet, dans l'Indostan, on a de tout temps employé des couleurs fraîches et durables; mais, malgré nos relations commerciales avec ces pays, nous n'avons aucune idée précise de tous les procédés qu'on y suivoit; nous ne savons même pas, après tant de recherches des missionnaires, ce que c'est précisément que le *Ci* ou *Chiaram*, ou le *Giurguli* des Chinois. Tous les sucs résineux qu'on recueilloit dans les trois parties du monde alors connues, auront cependant été essayés, avec le désir d'acquérir une instruction nouvelle : l'expérience et le bon sens ont même dû suffire pour en déterminer l'emploi.

« Nous savons seulement, quant au matériel de la peinture des Egyptiens, qu'ils avoient en vue surtout l'éclat et la durée des couleurs; à l'égard des succès que l'intention de perfectionner l'art du coloris auroit pu faire obtenir, il est à croire que l'obstacle provenant, comme on le sait, de la religion de ces peuples, a fait négliger les recherches que l'industrie étoit portée à faire ou à renouveler, à l'exemple des nations qui les avoient précédés dans la connoissance des arts et des sciences.

« Il appartenoit aux Grecs d'appliquer à un art si beau toutes les combinaisons de l'optique et de la chimie. Qu'il est malheureux que leurs efforts ne nous aient été, jusqu'à présent, d'aucun secours!

« Il résulte de cet aperçu, que les Egyptiens ont dû employer la cire et la colle, les gommes et les résines. Les momies font voir des bois de sycomore, couverts de couleurs peu altérées quelquefois, mais manquant d'intensité à cause de la destruction du *gluten* qui les fixoit. On y voit assez clairement que les blancs des peintures sont composés de *cire* et de *craie*, et ils ont traversé les siècles sans se corrompre. Je placerai ici une observation importante, c'est que la question ne doit point avoir pour but les matières colorantes; tous les peuples sont assez riches sur ce point; mais il s'agit exclusivement de connoître la nature du *gluten*, qui servoit à fixer, à suspendre et à conserver les couleurs. Les chimistes ont toujours envisagé la question sous le premier point de vue, et jamais sous l'autre. Il en est résulté que leurs calculs n'ont presque rien rapporté à l'art........ »

Dans tout ce passage, M. de Montabert interroge et instruit tout à la fois; mais dans un autre chapitre intitulé : *Du Matériel de la Peinture en Grèce et en Italie, jusqu'à l'innovation de Jean de Bruges*, il va devenir plus pressant, et montrer une érudition qu'on aime à rencontrer dans un écrivain modeste qui semble ignorer ses moyens de succès.

Il s'exprime ainsi :

« Comment Apelles, Zeuxis, Parrhasius procédoient-ils, quant à la partie matérielle de la peinture? Nous l'ignorons. A-t-on fait néanmoins des recherches *artistiques* et chimiques convenables pour éclairer les peintres sur ce point? Non. Les modernes ont donc une excuse puissante qui leur fait adopter un système d'insouciance absolue dans ce genre d'études? Eh! qui peut en douter? Cette excuse, c'est la routine, l'accoutumance; c'est la persuasion dans laquelle chacun se complaît à rester, que nous possédons la plus excellente des peintures.

« Cherchons, malgré ces préventions, à remonter, autant qu'il sera possible, aux procédés adoptés définitivement dans les beaux temps de la Grèce.

« Il n'y a point de doute que les peuples de ce beau pays n'aient pratiqué divers procédés. *Pline* nous apprend que des peintres de la haute antiquité avoient rendu le coloris plus facile, par des moyens jusqu'alors inusités. L'industrie des artistes a dû nécessairement se livrer ensuite à diverses combinaisons..... Ainsi, quelle étoit, par exemple, cette espèce de peinture à la *cire*, qui a perpétué les talens de tant d'habiles peintres des plus célèbres écoles? Nos idées sont très-confuses à cet égard. Nous ne pouvons révoquer en doute cependant le témoignage des écrivains. On disoit : Cette *cire est par-*

lante, comme nous disons : *Ce marbre respire*, et les plus grands talens avoient illustré la peinture de ce temps. Ici toutes les recherches de M. *de Caylus* paroissent infructueuses; il ne nous apprend, sur cette partie, rien que le dernier des praticiens n'ait pu imaginer aisément. Quelles conjectures avancer encore sur l'*atramentum* qu'Apelles inventa, ou qu'il appliqua à son art, et qui servoit, entr'autres effets, à adoucir l'éclat et la crudité des couleurs? C'est ce même effet qu'ont désiré depuis le *Giorgion* et le *Titien*. Nous n'avons pas même une idée de cette *circumlinitio* de *Nicias*, qui garantissoit les statues de l'influence de l'air atmosphérique. Il est vrai que les écrivains anciens ne nous laissent pas tout ignorer; nous connoissons bien ce que les Romains appeloient *tectorium opus*. Nous savons que les murs des appartemens étoient enduits d'une forte couche de *stuc*, propre à recevoir les peintures dont on les ornoit. Cette préparation de *stuc* se faisoit presque toujours avec de la colle de taureau, *taurocolla*, extraite des oreilles et des parties génitales de cet animal, dans laquelle on détrempoit, selon les couches qu'on vouloit mettre, de la poussière plus ou moins fine de marbre de Paros. On frottoit ces peintures, qui imitoient quelquefois le marbre, d'un mélange d'huile et de *cire punique* ; mais l'huile n'étoit pas employée, lorsque les fonds devoient recevoir des figures ou d'autres ornemens.

« En général, toutes ces indications ne sont ni très-claires ni très-satisfaisantes ; mais les livres ne nous en donnent pas d'autres.....

« Une étude fort attentive que j'ai faite de la peinture des *noces aldobrandines* et d'autres morceaux antiques, m'a donné des aperçus conformes a ces indications. Mais, observons-le bien, il ne s'agit pas du dessous de la peinture; il ne s'agit pas même des parties colorantes; il s'agit de ce *gluten*, qui fixoit la peinture sur la préparation,

« Ici il est nécessaire de relever l'erreur des écrivains qui se servent de l'expression de peinture à fresque, lorsqu'il s'agit d'une peinture sur mur. La peinture à fresque est une peinture incorporée par le pinceau dans un enduit encore frais, et dans lequel pénètre fort avant le fluide coloré.

« Mais les écaillures que l'on remarque aux peintures d'Herculanum, laissent souvent à découvert le fond sur lequel se trouve le même ton dont on a chargé tout le panneau ou compartiment qui sert de champ. Ainsi les couleurs sont placées sur un *dessous* sec et même imperméable; car le grand poli du stuc repousse l'humidité. Supposons maintenant que toutes les couleurs de cette surface étant fixées par des colles, des gommes ou des résines déjà très-solides en elles-mêmes, ont encore été recouvertes d'une pellicule imperceptible de cire punique, et nous comprendrons comment les teintes ont pu braver, dans cette espèce de prison, l'influence de l'atmosphère. Quant aux peintures qui ont péri à l'air depuis leur excavation, elles étoient apparemment privées de ces préservatifs, par les ravages des siècles, ou par l'imprudence de ceux qui avoient voulu les restaurer......

« La colle provenant des mucilages animaux, a dû être mise à contribution dans tous les âges; et je crois qu'on doit considérer séparément la détrempe, *tempra*, qui étoit la peinture moins noble, et la même qu'on retrouve dans les grandes parties de décorations des thermes de Tite, et dans les figurines des catacombes. Ce qui feroit croire que, dans les siècles du déclin des arts, l'usage d'une autre peinture, j'oserai dire d'une peinture, en quelque sorte, patricienne, plus compliquée et plus savante, étoit devenu difficile, c'est que celle de ce dernier temps se peut détacher quelquefois sous le doigt par un léger frottement, la fermentation ayant détruit le mucilage. Il convient donc de distinguer une peinture plus fine et réservée pour les images nobles. Cette peinture plus fine étoit-elle, sous les derniers empereurs, la même qu'avoient pratiquée les Grecs dans les beaux temps de l'art, et seroit-elle parvenue jusqu'en Italie par les Grecs appelés de Constantinople, ou par des artistes de Rome conservateurs de ces anciennes pratiques? Toutes ces questions qui méritent d'être éclaircies, serviront à fixer nos idées......

« Il est certain que la *Roma* du palais *Barberini* ne paroît point peinte comme la *Vénus* du même Muséum. *Mengs* et

Winckelmann l'ont remarqué aisément quant à la touche : je crois qu'on peut dire aussi, quant à la matière. La noce aldobrandine est exécutée probablement par un autre procédé matériel que cette *Vénus*, mais plus conforme à la manière de la *Roma*. Enfin, pour arriver à la dernière manière que l'Italie reçut des Grecs de Constantinople, il faut avouer que la tradition nous l'a conservée. On sait qu'elle consistoit dans le mélange de l'œuf et de la cire. On a employé même, à certaines époques, le jaune d'œuf pour les teintes plus colorées, et l'on ne sauroit douter de toute la puissance de ce moyen. Depuis, on ne s'est servi que du blanc d'œuf; c'est avec le blanc d'œuf que l'on détrempoit les couleurs et celles de la préparation du panneau. Les Italiens disent aussi qu'on employoit le lait de figuier; mais a-t-on eu recours, pour s'assurer de tous ces faits, aux décompositions de la chimie? A-t-on seulement essayé tous les dissolvans, les essences, les spiritueux? A-t-on bien pensé à reconnoître les résines ou les gommes?

« On voit que la matière n'est point épuisée, et que nous ne devons pas plus long-temps rester dans ces incertitudes...... »

Maintenant je vais présenter un fragment du chapitre intitulé : *De la Peinture à l'huile*. Ce morceau est écrit avec un feu et une véhémence qui annoncent une imagination exaltée au dernier point, et un enthousiasme sans bornes. Je ne soutiens pas toutes les opinions de l'auteur; mais comme propriétaire d'une collection de tableaux où l'on en compte à peine douze peints à l'huile, je ne peux que difficilement me défendre d'un peu de complaisance pour l'hérésie de M. de Montabert.

« La peinture à l'huile est celle qui

exige le plus de connoissances chimiques......

« A-t-on bien compris les intentions de Jean de Bruges?.....

« Celui-ci, quoique chimiste, a-t-il pu pressentir l'effet destructeur de la carbonisation des huiles?..... N'a-t-il pas continué, comme les anciens, à tirer parti de l'impression inaltérable de ses *dessous?....* et ne nous a-t-il pas donné l'exemple des panneaux préparés à la *colle?......*

« Mais quelle est donc cette peinture si heureuse et si altière, qui, depuis quatre siècles, impose ses lois à l'Europe, et qui, malgré ses ennemis, perpétue son triomphe?

« Je vous le demande ici, admirateurs enthousiastes des chefs-d'œuvre dont vous prétendez embellir vos habitations, pouvez-vous, de bonne-foi, nous vanter le plaisir de vos yeux à la vue de ces obscures images dont les années rendent l'effet de plus en plus *faux* et *menteur?*......

« O nature! tes couleurs éclatantes, la fraîcheur délicieuse de tes roses et de tes verdures, ou l'aspect si pur de tes cieux nous sont donc interdits! Notre art n'est aujourd'hui qu'un sombre travestissement de tes parures! L'artiste orgueilleux qui se croit ton rival n'offre à nos yeux que de tristes ressemblances de tant de merveilles! Toutes les matières que tu lui prodigues, pour l'aider dans l'imitation de ton coloris, il les enveloppe dans une opacité visqueuse que le temps rembrunit! L'huile de la peinture les couvre d'un voile monotone, et l'éclat des tons n'est indiqué que par de ténébreux contrastes. Qui vous rétablira, peinture lumineuse et brillante des beaux temps de la Grèce? Qui vous rendra votre puissance et vos charmes?.....

« Vains regrets! Jamais les organes

tendres et délicats de l'enfance, jamais l'ame sensible et innocente des jeunes filles ne sera réjouie par les couleurs de nos tableaux. La vie, l'éclat, la fraîcheur, en sont bannis à jamais; l'abord de nos plus gracieuses peintures ne fait plus sourire; la joie du coloris est perdue; elle a fui sur les enluminures et sur les tissus des fabriques; l'orgueil des Gobelins triomphe; ses étalages attirent tous les yeux. Mais c'est en vain que le dessin des grandes écoles oppose sa fière majesté; les hommes préfèrent les plaisirs de leurs sens, et la naïve couleur du Giotto doit l'emporter sur les sublimes calculs de Venise...... »

La dernière citation que je prendrai dans l'ouvrage de M. de Montabert, est une espèce de conclusion et de récapitulation des argumens qu'il a employés pour éclairer sur les inconvéniens de la peinture à l'huile. On ne pourra s'empêcher de reconnoître que cet écrivain est guidé par l'amour de la vérité, et par le désir de voir sa patrie unir la palme des arts à celle de la victoire, afin que ce siècle d'héroïsme ne laisse plus de prodiges à enfanter aux siècles qui doivent le suivre.

« Par solidité de coloris, on ne doit point entendre ici la solidité qui résulte de la cohésion et de la contiguïté des parties, mais bien celle qui résulte de la fixité et de la cristallisation inaltérable des teintes.

« Ceux qui citent des tableaux à l'huile d'une parfaite conservation, n'ont pas réfléchi en coloristes profonds, et ne les jugent que comparativement avec des ouvrages détériorés. Il est vrai que les parties chargées de beaucoup de matière colorée et de peu d'huile, telles que les clairs, n'ont pu se carboniser; mais les parties chargées d'huile et de peu de matière, telles que les parties et couleurs brunes, les ombres, etc., sont devenues noires, sèches, dures et arides; et malgé la valeur de cette opposition, qui surprend d'abord, l'art se trahit par ses moyens grossiers, et s'éloigne de la nature.

« On ne sauroit nier que, sous le pinceau, la peinture à l'huile ne paroisse fraîche et satisfaisante; mais outre qu'elle est ternie même alors par les gouaches, les lavis ou les miniatures, c'est après quelques années que se manifestent les ravages, le défaut d'éclat et de virginité des tons, l'obscurcissement insensible des ombres vigoureuses, et le peu de transparence des demi-teintes qui ont dû être poussées à l'obscur par le peintre privé de matières diaphanes et absorbant la lumière : de là ces effets de convention et beaucoup trop vigoureux, lorsqu'il s'agit de représenter les scènes aériennes. Elles paroissent sourdes et basses de ton, lorsqu'on ne cherche qu'avec les couleurs à l'huile la naïveté d'aspect et l'harmonie lumineuse. Croit-on que Claude Lorrain ait exprimé tout ce qu'il sentoit, lorsqu'attendri et doucement ému par ce calme pur et cette fraîcheur bienfaisante qu'offre le beau ciel d'Italie, il ne pouvoit employer dans ses imitations, des couleurs lucides et diaphanes? Rubens lui-même, ce coloriste si ardent, a dû reconnoître en sa conscience ses mensonges, devenus, il est vrai, quelquefois nécessaires, et toutes les exagérations adultères de son pinceau. Je ne parle pas du Titien qu'il faut souvent traduire en entier aujourd'hui, tant l'huile a ravagé ses tableaux. Tout ce qu'on a dit sur l'austérité des couleurs du *Poussin*, ne présente que des idées bornées et peu philosophiques. On n'a pas distingué, à ce sujet, la *vérité* du coloris, du *mode* du coloris. Les couleurs de la nature font partie de son caractère essentiel, et le coloris peut doubler l'expression.

Enfin, l'huile de la peinture moderne ne se sèche et ne se durcit que par des moyens destructeurs, et qu'il seroit trop long de détailler. On doit remarquer, à ce sujet, qu'un ouvrage élémentaire qui traiteroit du matériel de l'art, est encore à paroître..... »

M. de Montabert n'a pas cru qu'il suffisoit de soumettre ces réflexions aux personnes qui croient qu'on ne peut peindre qu'à l'huile; il a voulu joindre l'exemple au précepte. Convaincu de tout ce qu'il avance, il a fait quelques essais de peinture avec divers procédés; et il est ainsi parvenu à conduire à sa fin un tableau exécuté sans huile, qui représente une Léda de grandeur naturelle, et fait partie de l'exposition du salon de 1810, sous le N°. 612.

Ce tableau est remarquable par sa douceur et un ton suave. On voit que cet élève de M. David a cherché, dans cette composition, à rappeler la simplicité antique. Le cygne couronné de roses, et l'amour qui entraîne Léda, sont d'une couleur juste et harmonieuse.

Il seroit à désirer que l'exemple de M. Paillot de Montabert fût suivi désormais; et puisque tant de tableaux en détrempe, peints il y a quatre cents ans, peuvent présenter une conservation si remarquable, pourquoi la peinture sans huile ne reviendroit-elle pas se placer modestement à côté de la peinture à l'huile?

Quelques-unes des grandes compositions de nos jours, qui sont destinées à perpétuer le souvenir des succès héroïques de Sa Majesté, parviendroient ainsi à la postérité, telles que nos célèbres artistes les auroient conçues et exécutées; et il y auroit lieu de s'applaudir d'avoir cherché à prouver que plusieurs siècles n'ôtent souvent rien de la fraîcheur d'un tableau peint sans huile.

Puissent d'autres amateurs réunir maintenant les tableaux des écoles flamande, allemande et hollandoise, jusqu'à Albert Durer et Luc de Leyde! Je ne crois pas que les premiers ouvrages de l'école françoise, dignes de quelque attention, remontent à un siècle, ou un siècle et demi, au-delà de Laurent Vouet, qui florissoit en 1572. Quant aux anciens tableaux des écoles flamande, allemande et hollandoise, je sais déjà que des amateurs suisses en ont réuni un petit nombre. M. Daniel Bourcard et M. Dienast en possèdent de précieux. M. Vischer, ancien conseiller à Bâle, en a rassemblé aussi à son château de Wildenstein. Il est même possesseur d'une partie de la fresque, peinte à Bâle, de 1430 à 1438, et qui représentoit la danse des morts. Ce morceau de fresque est de 38 pouces sur 36; on y voit une femme dont la tête est couverte d'un voile semblable à celui des M⸺onnes du xii°. siècle, qu'on trouve dans ma collection. C'est mal-à-propos qu'on a attribué ces ouvrages à Holbein. M. le chevalier Fiorillo s'est élevé contre cette erreur. On doit en même temps beaucoup attendre du zèle de ce savant, qui, après avoir traité de l'état de la peinture, dans les premiers temps, en Italie, s'occupe de rechercher l'état de la peinture en Allemagne à la même époque; aussi j'ai vu avec peine que Lanzi se bornoit à annoncer dans sa préface, *page 5*, l'ouvrage de M. Fiorillo, et par une fatalité singulière, le nom même de cet auteur n'est pas écrit correctement. Lanzi se contente de dire : *e anche questa una storia della pittura sull'andar della presente ; nell'ordine delle Scuole vi è qualche variazione. — Cet Ouvrage est une histoire de la peinture dans le goût de la présente histoire. Il y a quelque différence dans la classification des écoles.* M. Fiorillo méritoit sans doute plus d'égards; et il eût été beau de voir Lanzi, dont rien ne peut ternir la gloire, rendre une justice plus exacte à un écrivain étranger, né de parens originaires italiens, et qui a su, parmi les Allemands, réunir les qualités distinctives des savans des deux nations.

Il est temps de terminer mes observations. Il résulte de toutes les considérations présentées plus haut, que l'histoire de la peinture n'est bien connue que depuis le treizième siècle; que des traditions seulement nous ont appris ce que nous savons du douzième, et que ces traditions doivent être d'autant plus respectées, à défaut d'histoires précises, que les monumens de ce siècle existent, et sont sous nos yeux.

Les fureurs des iconoclastes prouvent que, dans le huitième siècle, il y avoit des tableaux et des images. Il n'est pas étonnant, qu'après leur règne, tous les monumens de peinture se soient trouvés détruits. Peut-être découvrira-t-on des maîtres antérieurs à André Rico; car depuis 845 jusqu'en 1100, on a pu librement peindre des images. Cependant il est probable, puisque nous ne connoissons aucun nom d'auteur de ce temps, que la peinture a été alors plutôt tolérée que véritablement encouragée, et qu'aucun artiste n'a osé signer ses ouvrages. Le système des iconoclastes, relativement à la peinture, semble encore subsister indirectement chez les Grecs de nos jours. Ils défendent à cet art de faire le moindre progrès, et n'admettent que les images semblables à celles du temps où on les brisoit.

C'est donc l'Italie qui a véritablement conservé la peinture. C'est à cette courageuse Italie que nous devons un art si brillant, dans lequel les François ont obtenu et obtiennent tous les jours tant de succès. Ces mêmes François, cette nation généreuse, sensibles à l'affront de n'être pas arrivés les premiers dans une lutte où il falloit montrer de l'ame, de la sensibilité et de l'esprit, tendent à former une école épurée, qui réunisse en une seule les qualités et le caractère de toutes les écoles connues. Les peintres italiens, flamands et allemands, qui sont célèbres aujourd'hui, défendront sans doute à leur tour l'honneur de leur pays, et il ne peut naître d'un semblable combat, comme à l'époque à laquelle Raphaël vainquit ses rivaux, que la plus noble et la plus touchante émulation, de part et d'autre des preuves constantes d'un égal courage, et enfin un immense siècle de gloire, dans lequel les anciens auteurs pourroient craindre de reparoître.

FIN.

ERRATA.

Pag. 10, lig. 12, *au lieu de* : *delle veglie*, lisez : *des veglie*.

Pag. 14, lig. 1, *après* les communications, *mettez* un point et virgule.

Pag. 19, lig. 1, *au lieu de* : le Basan, *lisez* : le Bassan.

Pag. 29, lig. 14, *au lieu de* : toute l'idée, *lisez* : l'idée.

Pag. 31, lig. 16 de la note, *au lieu de* : permit encore, *lisez* : permit.

Pag. 32, lig. 4 de la note, *au lieu de* : le culte, *lisez* : ce culte.

Pag. 33, lig. 17, *après* Severinus, ôtez la virgule.

Pag. 88, lig. 17, *au lieu de* : à l'armure, *lisez* : a l'armure.

Pag. 89, lig. 21, *après* char, *mettez* un trait d'union.

Pag. 95, lig. 5, *au lieu de* : ou, *lisez* : où.

Pag. 98, lig. 4, *au lieu de* : pleins, *lisez* : plein.

Pag. 98, lig. 7, *après* d'Agubbio, *mettez* un point, et *lisez ensuite* : ces maîtres, suivant Vasari, etc.

Pag. 99, lig. 14, *après* derrière lui, *mettez* une virgule.

Pag. 107, lig. 6, au lieu de : *è padri*, lisez : *e padri*.

Pag. 139, lig. 9, *au lieu de* : suffisoit, *lisez* : suffit.

www.ingramcontent.com/pod-product-compliance
Lightning Source LLC
Chambersburg PA
CBHW052259220526
45471CB00001B/406